MONOGRAPHIES PARISIENNES

LES
CHARNIERS

DES ÉGLISES DE PARIS

PAR

L'ABBÉ Valentin DUFOUR

DU CLERGÉ DE PARIS

SAINT-ÉTIENNE ET SAINT-BENOIT

PARIS

A. LAPORTE, LIBRAIRE-ÉDITEUR

43, RUE DES SAINTS-PÈRES.

1884.

MONOGRAPHIES PARISIENNES

LES
CHARNIERS

DES ÉGLISES DE PARIS

PAR

L'ABBÉ Valentin DUFOUR

DU CLERGÉ DE PARIS.

SAINT-ÉTIENNE ET SAINT-BENOIT

PARIS
A. LAPORTE, LIBRAIRE-ÉDITEUR
43, RUE DES SAINTS-PÈRES.

1884.

Extrait du *Bulletin d'Histoire et d'Archéologie*, n° d'octobre 1884.

LES CHARNIERS

DE

SAINT-ÉTIENNE ET DE SAINT-BENOIT

LES

CHARNIERS DES ÉGLISES DE PARIS

RECHERCHES HISTORIQUES ET ARCHÉOLOGIQUES
SUR LEUR ORIGINE, LES PERSONNAGES QUI Y ÉTAIENT INHUMÉS,
LES MONUMENTS QUI LES DÉCORAIENT.

II

SAINT-ETIENNE DU MONT.

I. ORIGINES; FONDATIONS; DESCRIPTION DES CHARNIERS.

Sur le plateau du Mont de Paris profondément fouillé par les potiers romains qui y avaient creusé leurs puits et établi leurs fours, et qui servit longtemps de lieu de sépulture aux païens et aux chrétiens, on voyait un édifice que les auteurs contemporains décorent du nom pompeux de basilique et qui avait été construit par Clovis en l'honneur de saint Pierre et de saint Paul, à la sollicitation de la reine Clotilde et de sainte Geneviève. Ce roi s'y était réservé pour lui et pour ses successeurs le droit de sépulture. L'histoire a accepté le fait sans nous donner la description de cet édifice. Au IXe siècle, cette église fut brûlée et pillée par les Normands, qui ne respectaient rien, selon les expressions d'un chroniqueur contemporain : *Dani... basilicam S. Petri et sanctæ Genovefæ incendunt* [1]. Cette église ayant été restaurée aux XIe et XIIe siècles, on y établit un chapelain pour faire le service paroissial dans une chapelle basse, qui portait le titre de Notre-Dame, au fond de l'église de Sainte-Geneviève. Ce chapelain était chargé d'administrer les sacrements aux

---

[1] A. Duchesne, III. 209. — *Annales Bertiniani anno* 857.

domestiques et vignerons de l'abbaye qui étaient groupés non loin du monastère, là où naguères on ne voyait que des vignes et des vergers, dans le but de se mettre sous le patronage de protecteurs puissants, à une époque où la force représentait trop souvent le droit et où le pouvoir royal était moins réel que nominal.

En 1211 Philippe-Auguste ayant doté la ville d'une enceinte nouvelle dont les vestiges subsistent encore dans ce quartier, on bâtit dans les terrains vagues existant entre la ville et la muraille; bientôt la population affluant dans ces environs, on songea à l'érection d'une chapelle particulière, qui fut placée si proche de l'abbaye que c'est par l'église des moines que l'on avait accès dans cette paroisse: par ce moyen ils affirmaient leurs droits spirituels et temporels et forçaient leurs vassaux à les reconnaître. Dans l'église actuelle de Saint-Etienne du Mont, auprès du tombeau de sainte Geneviève, se voit encore le passage qui unissait les deux vaisseaux; le plus ancien, l'église monacale, a été rasé et a formé la rue Clovis, son clocher subsiste seul et en rappelle le souvenir.

L'étroite union de Saint-Etienne du Mont avec Sainte-Geneviève fit que cette paroisse se trouva longtemps renfermée dans l'enceinte même de l'abbaye : *infrà ambitum monasterii nostri*, disait l'abbé Pierre dans sa présentation à la cure (mai 1445)[1].

En 1491, la chapelle paroissiale était devenue trop exiguë pour les besoins du service, mais, au lieu de l'agrandir, on résolut de la rebâtir entièrement. C'est ce monument que nous voyons aujourd'hui. De 1604 à 1606, on construisit la chapelle de la Communion et les charniers. On s'explique ainsi le choix des sujets des verrières qui ornaient les fenêtres des galeries qui se rapportent pour la plupart à l'Eucharistie. Dans ces charniers nous ne trouvons que très peu de sépultures, les galetats suffisaient amplement aux besoins du service. Le grand cimetière devant l'église, le petit à son chevet, entouré par les arcades, ne nécessitaient pas, au milieu d'une population restreinte et d'ailleurs de condition médiocre, de vastes emplacements, comme à Saint-Paul et aux Innocents. Autre temps, autres mœurs : au XIVe siècle on bâtissait des charniers pour *recueillir les os des povres tréspassez de leurs hoirs délaissez;* au XVIIe on les orne parce qu'ils servent d'annexes à la paroisse, de lieu où l'on

---

[1] *Reg. Episc., in Spic.*

administre la communion, cinquante ans plus tard on construit la chapelle de la Vierge (1661) aux dépens du petit cimetière, et les charniers sont négligés. A un siècle de distance le même fait se renouvelle à Saint-Paul.

Une transaction passée entre l'abbé de Sainte-Geneviève et les marguilliers de Saint-Etienne (6 juillet 1609) nous apprend que pour la commodité des paroissiens l'abbé leur accorde de *faire un passage et entrer au charnier de la dite église*. La section administrative des archives nationales (S. 3327) renferme un document qui a trait à cet accord; c'est un *dessin pour couvrir l'allée qui conduit aux charniers de Saint-Estienne*. Simple tracé assez primitif, avec cette annotation : quittance de Pierre Biard, sculpteur rue de la Cérisaie, sans signature. Cette note paraît être commémorative et destinée à renvoyer à l'original. Nous remarquerons cependant que, s'il était tout naturel de demander un plan au grand architecte auquel cette église était déjà redevable de son magnifique jubé et des statues qui l'accompagnaient, il n'y a rien d'extraordinaire à ce que l'artiste qui mourut le 16 septembre 1609, deux mois après l'accord indiqué plus haut, n'ait eu que le temps de faire un croquis de son idée que l'on aurait suivie. En effet cette allée se compose de deux murs pleins; l'extrémité du côté du portail et la porte étant plus larges, celle donnant accès aux charniers plus étroite, la porte précédée d'un tambour, des ouvertures ont été ménagées sur la rue. Le charnier n'a rien qui l'annonce extérieurement. Il se compose de trois branches, dont la principale, en y comprenant le passage dont il vient d'être question, règne tout le long de la nef septentrionale de l'église et s'arrête presque à la hauteur de la rue Descartes. Un retour d'équerre qui embrasse le chevet de l'église, laissait au milieu un espace vide où était le petit cimetière, que l'on diminua encore en construisant sur partie de son terrain la chapelle de la Vierge. La troisième branche, parallèle à la première, donne accès dans l'église entre la chapelle de la Vierge et le tombeau de sainte Geneviève. La galerie principale qui ne communiquait avec l'église que par une porte intérieure, à la hauteur du chœur, ne recevait de jour que par quelques baies grillagées donnant sur la rue du *Moustier ou des Prestres*. Le document qui nous fournit la date de la construction doit être exact, mais incomplet ; nous croyons qu'il faut lire « reconstruction », et voici pourquoi. On sait qu'à une certaine époque il fut de mode de reconstruire les charniers des églises ; les paroissiens de Saint-Etienne, qui avaient leur amour-propre, ont pu être, on le comprend, en retard sur leurs émules et voisins de Saint-Séverin, de Saint-Paul et des Innocents; bornées étaient peut-être leurs ressources, borné surtout était leur emplacement ; placés d'ailleurs sous la tutelle de l'abbé de Sainte-Geneviève, ils étaient obligés d'obtenir son agrément pour apporter des modifications aux dépendances de leur église. Si les bourgeois étaient de leur siècle, leurs patrons ne marchaient pas avec lui : on sait combien les religieux, ceux de Sainte-Geneviève surtout, étaient stationnaires et formalistes. Les pièces suivantes prouvent que si les paroissiens ne se réunissaient pas toujours, ils ne se décourageaient jamais. Elles sont extraites des archives nationales [1]. Nous les citons par ordre de date.

En 1604 on projette de commencer les charniers sur un terrain accordé à cet effet par les abbés et chanoines de Sainte-Geneviève du Mont.

En 1605 la fabrique de Saint-Etienne demande « une place fai-« sant partie du jardin du chevecier de lad. abbaye contenant en « largeur huit pieds et de longueur quatorze toises à prendre à « cette place, au pillier faisant le milieu de la chapelle Saint-Nicolas « où est le sépulcre, par le dessous d'icelle chapelle tirant de droite « ligne jusqu'à la muraille qui fait la séparation du chemin de la « tour ou prison d'icelle abbaye avec la petite ruelle qui est entre le « mur qui fait la closture de lad. abbaye et lad. église jusqu'au « clocher de lad. église pour donner la communion sans qu'on puisse « bâtir au dessus. » Cette demande leur ayant été accordée, ils insistent pour obtenir d'augmenter leurs charniers qui n'étaient peut-être alors que des constructions en bois. Nous trouvons en effet mention de la « vente d'une place joignant l'église pour y construire « les charniers moyennant 15 livres de rente annuelle et perpé-« tuelle et 5 sols parisis de cens et la somme de 300 livres à payer « comptant » ; de plus ils s'engagaient à élever deux tourelles sur le mur des charniers et à y faire graver les armes de l'abbaye « pour marque de seigneurie ».

Cette transaction ne fut pas exécutée entièrement d'un commun

---

[1] Archives nationales, S. 2327-3328.

accord, probablement parce que nous n'avons pas trouvé trace de réclamations; une seule tourelle fut bâtie, c'est celle qui fait face au haut de la montagne Sainte-Geneviève, les armoiries subsistèrent jusqu'à la Révolution.

Les conditions avaient été un peu léonines; acceptées peut-être après discussion, elles n'empêchèrent pas les fabriciens de Saint-Etienne de revenir à la charge. Le 10 décembre 1606, ils font « ré-« quisition d'une petite place pour augmenter les charniers auprès « de la chapelle Saint-Nicolas où était le sépulcre. » On fit sans doute droit à leur requête, et jusqu'en 1609 on ne voit pas nouvelle exigence. A cette date le gros œuvre des charniers était achevé, mais on n'était pas content, l'abord laissait à désirer. L'abbaye venait de faire construire le portail septentrional. S'ils n'obtiennent pas le passage de ce côté, leur construction devient inutile, l'enceinte de l'abbaye existe le long de la rue du Moustier : ils vont demander à l'utiliser en obtenant d'arriver aux charniers par cette allée, vite ils demandent un plan à leur architecte et adressent une requête aux abbé et religieux de Sainte-Geneviève du Mont.

Ce qui le ferait croire, c'est que l'on trouve un « Rapport fait par « moi sieur Maturin Gaucher, maistre masson à Paris et voyer des « abbé, religieux et couvent de sainte Geneviève au Mont de Paris « pour les places que lesd. religieux de sainte Geneviève entendent « et veullent bailler aux marguilliers et paroissiens de l'église Saint « Estienne aud. mont de Paris, tant pour l'achèvement du grand « portail de lad. église Saint Estienne que pour l'entrée et passage « d'iceux aux charniers. Et premièrement. Pour l'entrée et passage « dud. charnier est besoing d'abbattre le gros mur qui est à présent « et icelluy réediffier d'un droit alignement à prendre après le « devant gros mur de la rue des prestres, en faisant le coude en « lad. muraille continuée en droite ligne comme dist est en montant « devers le grand cimetière, jusqu'à 7 p. 7 p. du devant du mur « dud. cymetière contre lequel a esté faict un trait à plomb et deux « faicts et gravez en la pierre en face de la croix. etc. » Les vitraux étaient posés aux charniers dès 1622.

En 1626 (15 janvier) les fabriciens obtiennent du cardinal de la Rochefaucault « de pouvoir percer et faire faire des fenêtres et vues « suffisantes dedans *le gros mur de lad. abbaye*, qui sort et « respond sur la rue des prestres et sur la place où était cy devant

« l'ancien cimetière. » Ce qui leur fut accordé en leur rappelant l'obligation où ils étaient par l'acte de 1605 de faire placer sur la tourelle construite à leurs frais une plaque de marbre aux armes de l'abbaye. Nous trouvons en date du 4 avril 1661 une autre permission de l'abbé de Sainte-Geneviève « de faire faire sur la
« couverture des charniers regardant du côté du jardin de lad.
« abbaye le soleil de midy, deux veues ovales ou œils de bœuf de la
« largeur de lad. couverture 1 pied 1/2 au-dessus du mur dud.
« charnier et d'y fait mettre des verres dormants qui ne se pourront
« ouvrir que quand il sera nécessaire de nettoyer ou refaire lesd.
« chassis et d'y faire mettre au dehors des grilles et pour la sureté
« de lad. église et abbaye, pour éclairer et dessécher lesd. char-
« niers, grande incommodité dont se plaignent les paroissiens qui
« vont à la communion sous lesd. charniers. »

Il faut maintenant arriver aux 22 août et 15 novembre 1751 pour trouver une pièce qui concerne les charniers. A cette date, on rencontre une convention entre MM. de Sainte-Geneviève et les marguilliers de Saint-Etienne au sujet de l'abaissement de 7 pieds de la tourelle qui est sur le mur du charnier de l'église, vis-à-vis la chapelle qui est à côté de la nouvelle sacristie, « pourvu qu'il
« reste toujours à l'avenir des vestiges de lad. tourelle qui a été
« *mise avec les autres* sur led. mur du charnier, la seule tourelle
« qui subsiste à ce jour sur le mur des charniers de lad. église,
« vis-à-vis la quatrième chapelle à gauche de la nef en entrant
« dans lad. église. »

Revenons aux motifs qui ont pu amener la reconstruction des charniers. S'ils ne furent pas les premiers à suivre l'impulsion, les paroissiens de Saint-Etienne eurent bientôt réparé le temps perdu, mais en dehors de l'émulation il faut bien admettre un autre principe, on le trouve dans la force des choses. Le petit cimetière avait concédé au chevet de l'église paroissiale à l'abri et à l'intérieur de l'enceinte abbatiale dans un terrain vague qui servait de lieu de récréation aux religieux; or dès le principe selon l'usage universel à Paris, les paroissiens de Saint-Etienne du Mont ont dû relever les ossements qui se rencontraient dans leurs cimetières et les placer dans un lieu décent, des appentis ou galetas en charpente peut-être. Lorsqu'ils obtinrent la permission de les réédifier un siècle après, des paroisses plus riches ou mieux favorisées comme position, l'abbé de Sainte-Geneviève dut stipuler pour être maître chez lui qu'on fermât les charniers, ce qui pouvait ne pas avoir existé primitivement, la clôture du cimetière étant une haie ou tout au plus un simple mur, mais du moment où l'on élevait des constructions plus importantes il devint nécessaire de réserver un passage entre le mur des nouveaux charniers et l'enceinte de l'abbaye qui conduisait à la tourelle de la prison, et surtout de veiller à ce qu'on ne prît pas de jour sur l'intérieur, ce qui eût été une servitude en même temps qu'un danger.

Entre la muraille de l'abbaye et jusqu'à celle de Philippe-Auguste on avait bâti des deux côtés, ne laissant de libre que la voie qui aboutissait à la porte du bourg Saint-Marcel, et qui fut connue longtemps sous le nom de rue Bordelle, aujourd'hui Descartes. Le long du mur de l'abbaye s'étaient adossées des maisons, et comme l'enceinte de Philippe-Auguste protégeait suffisamment patrons et clients, elles absorbèrent le rempart des moines, au point qu'une tour d'angle ou de guette de cette époque, contemporaine de celle de Saint-Jean de Latran sa voisine, fut englobée si bien dans les constructions qui l'avoisinaient qu'elle échappait aux regards des passants ; pour le public elle cessa d'exister jusqu'au moment de sa démolition 1856, où elle revit le jour au grand étonnement des gens qui n'en soupçonnaient pas l'existence [1]. Mais jusqu'à sa démolition il existait à l'intérieur entre le mur de l'abbaye et celui du charnier un passage qui donnait communication du jardin et promenoir des genovefains à l'entrée de la tour qui était de ce côté, et, depuis leur suppression du presbytère de Saint-Etienne jusqu'aux divers étages de cette tour qui servait de logement aux employés de la paroisse. Cette partie du vieux Paris a subi de si grandes transformations que pour bien s'orienter il faut avoir pour guide un plan [2].

Nous avons dit que les charniers avaient été reconstruits, car pour nous cette tour de guette qui datait incontestablement du XIIIe siècle était une des tourelles d'angle de l'enceinte de l'abbaye de Sainte-Geneviève, elle devait communiquer par un pont-levis avec le chemin de ronde qui existe encore le long de la rue des

---

[1] Voir la planche p. 34.
[2] Voir le plan p. 10.

Prêtres, au-dessus du charnier et de l'allée qui en est le prolongement. Originairement la partie qui embrassait le cimetière du côté de cette rue a dû être utilisé comme charnier ou abri, rien n'était plus facile que d'y établir une arcature ou des appentis à l'exemple des Innocents, et nous ne serions pas éloigné de borner à cette portion le charnier primitif, puisque lors de la reconstruction on fut obligé de demander du terrain à l'abbaye. Depuis ces remaniements il est impossible de dire quelle était la destination de ce rempart à l'intérieur ; avant qu'il fût à usage de passage pour les charniers il a pu servir de bûcher, de magasin, etc., car il est difficile d'admettre qu'on fît un mur plein d'une pareille épaisseur du côté de la ville, où il n'y avait nulle crainte d'un siège en règle; dans cette hypothèse on n'aurait eu qu'à approprier le passage souterrain qui devait faire communiquer la tour d'angle avec celle qui dominait la rue de la Montagne Sainte-Geneviève pour en faire l'entrée des charniers, ce qui n'est pas contre l'invraisemblance. Malheureusement nous ne savons pas quel était le tracé de l'enceinte fortifiée de l'abbaye avant la reconstruction de l'église Saint-Etienne et de son portail au xviie siècle, aucun des historiens de Paris ne nous ayant renseigné à cet égard ; on peut néanmoins affirmer qu'elle en possédait une, les monastères de Saint-Germain des Prés et de Saint-Martin des Champs englobés dans Paris en possédaient chacune dont nous connaissons le périmètre et la perspective d'après des titres et des gravures de l'époque; d'ailleurs il en existe des restes.

Sous le portail de la montagne à droite, en face de l'entrée de l'allée des charniers s'ouvre une porte d'escalier qui conduit aux logements d'une tourelle en encorbellement dont nous avons vu plus haut l'origine; aucun de ses étages n'est au niveau de la terrasse ou plate-forme qui couvre cette allée des charniers, nous savons parfaitement que c'est par suite de la construction de cette tour qu'a été interrompu le chemin de ronde qui conserve encore un parapet à hauteur d'homme d'une épaisseur respectable, capable de défier les regards des passants et les projectiles ordinaires, son avenue offre un promenoir dallé aussi sûr qu'étendu.

En résumé, le remaniement accompli de 1604 à 1609 par la reconstruction des charniers s'est opéré aux dépens du cimetière et encore plus du terrain de l'abbaye, qui ne se réserva que le passage pour aller à la tour de la prison. Puis en 1609 on établit un passage entre le bras septentrional des charniers et la porte de la montagne par l'ouverture d'une allée qui permit aux paroissiens, sans passer par l'église, d'entrer dans les charniers, les trois galeries symétriques qui entouraient le chevet de l'église avaient seules des arcades s'ouvrant sur le cimetière et garnies de vitraux dont la pose était terminée en 1622. Le tout a la forme d'un cloître avec pilastres doriques et voûtes en berceau; vers 1848, une sacristie contiguë à la galerie méridionale a été élevée sur l'alignement de la rue Clovis, et en 1856 sur la rue Descartes on a ouvert le fond de la galerie pour la faire communiquer avec la nouvelle chapelle des catéchismes, dont l'architecture rappelle le style de l'église.

II. PERSONNAGES INHUMÉS SOUS LES CHARNIERS D'APRÈS LES ÉPITAPHIERS DE PARIS.

Pour les raisons énoncées dans le chapitre précédent le nombre en est très restreint, notre rôle ici se borne à celui de copiste.

BAUMIÉ, fripier, 12 janvier 1720.
BONCORPS, boulanger, 5 juin 1719.
BOUCHIER (Jehan)... 1400.
BOUCHIÈRE (Philipote la), femme dudit Jehan, 3 août 1448 et deux de leurs enfants.
CHEVREUSE (Pierre), marchand et Bourgeois de Paris, 3 mars 1515.
GUÉROULT (Geneviève), sa femme, 17 janvier 1556.
FOURNIER, décédé rue Bordet, 22 novembre 1720.
GARDIN, 24 janvier 1720.

LUCAS (Anne Bégat), femme, boucher au carrefour Sainte-Geneviève, 12 janvier 1720.
MICHAUX, fripier au carrefour Sainte-Geneviève, 21 août 1720.
MICHÉ, entrepreneur des bâtiments du roy et marguillier, décédé, rue du Murier, le 1er novembre 1717.
PORTE (Maurice de la), s. d.
PORTE (Maurice de la), libraire, s. d.
L'HÉRITIER (Katherine), sa femme, s. d.
PORTE (Ambroise de la), libraire, s. d.

III. DESCRIPTION DES VITRAUX DES CHARNIERS.

Il reste à faire connaître maintenant la partie capitale des charniers, les vitraux admirables qui, commencés en 1612, furent achevés en 1622, les décorent en partie et qui, malgré des mutilations nombreuses et des déplacements inintelligents, sont encore, malgré tout, un des plus beaux spécimens qui nous restent de l'art du

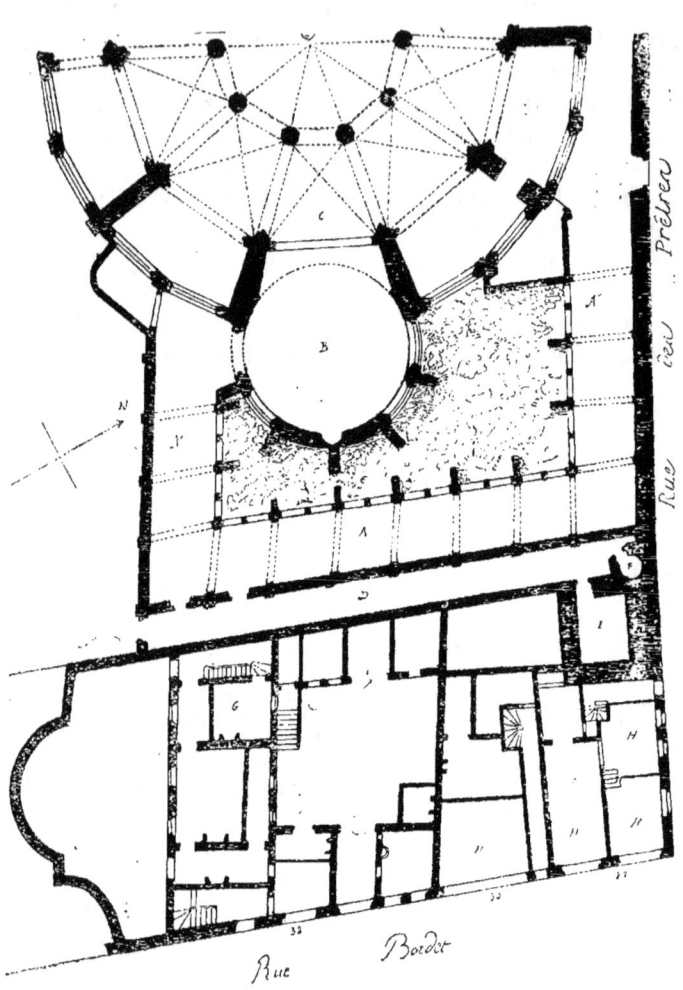

(Dessiné par M. G. Rohault de Fleury, d'après le plan manuscrit de Vasserot.)

A. A'. A". Charniers.
B. Chapelle de la Vierge.
C. Sanctuaire.
D. Chemin de la tour ou prison.
E. Tour de la prison.
F. Tourelle renfermant l'escalier.
G. Presbytères.
H. H'. H". Maisons particulières.

peintre-verrier aux xviie et xviiie siècles, au sentiment de Levieil [1] qui avait étudié et comparé tout ce que Paris possédait en ce genre au siècle dernier.

Le charnier méridional, du côté de la sacristie, a perdu toutes ses verrières, remplacées par des verres blancs, à peine trouve-t-on des restes de bordures ; la porte du petit cimetière, qui renfermait le vitrail du Jugement dernier qui faisait l'admiration de Levieil, n'en a rien conservé. A côté, on a fermé par une porte vitrée la galerie du fond, qui seule possède ses vitraux peints, car la galerie septentrionale en est aussi dépourvue. Nous savons par l'historien des peintres sur verre qu'il y avait eu 24 fenêtres ou vitraux réduits de son temps à 22. Selon lui, les galeries avaient 6 pieds de haut sur 4 de large, et le mur à hauteur d'appui 2 pieds et demi. La branche du fond, la seule dont nous ayons à nous occuper, mesure 19 mètres de longueur sur une largeur de 3 mètres et une hauteur de 4 mètres. Chaque vitrail est enchâssé dans une fenêtre géminée et divisée par un pilastre : un mur d'appui de 0,90 soutient le trumeau et l'insertissement des fenêtres terminées en anses de panier comme la voûte des galeries.

Le sujet des vitraux ne représente pas, comme à Saint-Paul, la vie du patron ; on sait pourquoi : ils sont dus à l'initiative personnelle, chaque donateur adoptait de gré à gré avec l'artiste le sujet qui lui plaisait. Ils ont cependant une relation entre eux. Comme les charniers à cette époque servaient peu aux inhumations, mais étaient affectés spécialement à donner la communion aux fidèles de la paroisse, surtout pendant le temps pascal, on chercha à les orner de sujets de l'Ancien et du Nouveau Testament qui se rapportaient à l'eucharistie ou aux principales vérités de la religion ; la richesse de l'ornementation explique bien l'engoûment que l'on mit de décorer cette partie de l'édifice aux dépens du reste de l'église, malgré les tentatives de la fabrique qui trouvait parfois des récalcitrants dans son sein : nous en avons pour garant Levieil lui-même, qui a compulsé les registres de la fabrique et constaté le fait.

Est-ce entièrement par un accord tacite qu'on a cherché à reproduire le parallélisme de l'ancienne et de la nouvelle loi, la figure et la réalité, la Synagogue et l'Église ? Il est bon d'ajouter que des car-

---

[1] Voir Levieil, Encyclopédie. *Le Peintre-Verrier.*

touches renfermant des inscriptions françaises et latines dont un petit nombre est arrivé jusqu'à nous, faisaient mieux connaître cette pensée des fondateurs.

Tout d'abord nous avions pensé que les habitudes de l'époque, un reflet de la méthode scolastique du moyen-âge, suffisaient pour expliquer ce fait en soi peu important ; la connaissance d'un autre document a modifié un peu notre manière de voir, c'est la communication d'un livre rarissime appartenant à M. Delaunay, ancien curé de Saint-Etienne-du-Mont, bibliophile distingué. Cet ouvrage, dont n'a pas eu connaissance Brunet, est intitulé : la *Conférence des figures mystiques de l'Ancien Testament avec la vérité évangélique par le R. P. en Dieu F. Guillaume de Requieu. Paris. Antoine du Breuil* (1602). Il est orné d'un frontispice et d'une suite de dix gravures de Léonard Gaultier. Les bibliographes n'ont pas connu ce volume, dont le seul exemplaire connu est dans un remarquable état de conservation, et les biographes non plus que les auteurs spéciaux qui ont traité de l'art de la gravure et de l'œuvre de Gaulthier n'ont connu cette série de planches bien dignes de lui, ce qui est d'autant plus singulier que ces sujets ont été reproduits par les peintres verriers dans les charniers de Saint-Etienne; ce fait a été inconnu à Levieil qui n'en parle pas du moins.

Après avoir donné la description des vitraux dans l'ordre et l'état actuel, nous reviendrons sur le fait de la correspondance des verrières avec les gravures de l'artiste. Il y a là une coïncidence trop significative pour être entièrement accidentelle ; nous nous empressons de la signaler, laissant à de plus habiles le soin d'en déterminer les causes et d'en déduire les conséquences. En attendant, il n'en est pas moins hors de doute que Saint-Etienne ne soit, même encore de nos jours, un riche musée de peintures, et que chacune de ses verrières était due à un peintre-verrier des plus célèbres du xvie et du xviie siècle, qu'il fût l'auteur du carton ou qu'il l'eût emprunté à un autre artiste ; enfin qu'on ne les dût à la générosité des riches paroissiens. Levieil, qui, comme praticien et comme écrivain, fera toujours autorité en cette matière, les attribue à Jean Cousin, Claude Henriet, Enguerrand Leprince, Pinaigrier, Michu, François Périer, Nicolas Désangives, sans pouvoir exactement faire la part de chacun ; les conjectures qu'il fait sont néanmoins, eu égard à ses connaissances spéciales, d'un grand poids.

Les verrières de Saint-Etienne-du-Mont ne sont plus que l'ombre de ce qu'elles étaient avant la Révolution ; on les conservait ici avec un soin tout religieux, tant celles de l'église que celles des charniers ces dernières les plus estimées, ce qui était méritoire à une époque où il était de bon ton de détruire les jubés et de remplacer les vitraux peints par des verres blancs qui laissaient mieux pénétrer la lumière. Mais si pasteurs et marguilliers doivent être loués pour leur sollicitude, il est juste d'ajouter qu'ils étaient secondés dans la conservation des richesses de leur église par un artiste de goût et de talent, célèbre alors dans l'art de la peinture sur verre et qui avait préludé à la théorie par une longue pratique, Jean-Pierre Levieil, à qui l'on doit le meilleur traité sur cet art. Né à Paris (8 février 1702), il y mourut (23 février 1772), paroissien de Saint-Etienne. Levieil fut chargé en 1734 de restaurer les vitraux des charniers ; il prouva son habileté dans cette opération délicate et veilla dans la suite d'une manière particulière à toute la verrerie de Saint-Etienne. Nous en trouvons la preuve dans cette inscription au trait qui se lit encore dans la grisaille de la cinquième fenêtre du charnier : *Ce panneau a été peint par Jean Levieil, peintre sur verre du roy à Paris, l'an 1759.* Les troubles civils, l'incurie, le mauvais goût nous ont fait perdre en partie le fruit de son expérience et de ses soins ; plusieurs ont disparu, enlevés ou brisés, ce qui nous est parvenu nous laisse regretter le reste.

Les renseignements puisés dans les archives de la fabrique nous ont transmis des faits intéressants et les noms de plusieurs donateurs :

Mme la présidente de Viole, dame d'Andresel ;

Me François Chauvelin, avocat ;

Me Germain, procureur au parlement ;

M. Boucher, marchand boucher ;

M. Lejuge, marchand de vins ;

chargés alternativement de l'œuvre et fabrique de l'église au xviie siècle ;

M. Renauld, bourgeois de Paris, donne le vitrail du Jugement dernier, devant lequel il désire être inhumé.

Dame Soufflet-Verd, qui donne 155 livres pour faire garnir de vitres peintes la rose du grand portail ; mais d'artistes, et de leurs comptes, pas un mot.

Vingt-quatre ans après, Levieil s'occupait encore de ses chers vitraux de Saint-Etienne. Que ses soins eussent été utiles après la tourmente révolutionnaire, et de nos jours encore, pour réparer ce qui avait été mutilé, surtout en 1834 : un ecclésiastique de la paroisse, qui se croyait artiste et qui n'était qu'iconoclaste, s'avisa de déplacer les vitraux des charniers pour en garnir les fenêtres des chapelles de l'église qui en étaient dépourvues ; plusieurs années après elles furent rétablies en leur place primitive ; mais qui saura ce que ces belles peintures durent souffrir de ces déplacements opérés le premier par un vitrier ignorant ; quant aux restaurations inhabiles du second, elles sont malheureusement patentes. Ici Levieil craignait pour les vitraux, plus encore que pour ceux de Saint-Paul, l'étourderie des enfants des catéchismes et celle du fossoyeur, souvent ivre, comme son confrère des Innocents, dans un cimetière exigu, où pierres et cailloux, malgré les grillages, en endommagèrent plusieurs. Il est extraordinaire qu'ils n'aient pas été dispersés pendant la Révolution ; peut-être avaient-ils été démontés et mis à l abri, ce sont les seuls qui nous soient parvenus comme collection et presque intacts.

L'ordre primitif ayant été interverti, nous les décrivons tels qu'ils sont actuellement placés en entrant par la galerie du midi.

1re *fenêtre*. 1er vitrail : le Miracle des Billettes.

En entrant dans le charnier, le premier sujet qui se présente est le miracle des Billettes ou le sacrilège du juif *Jonathas*, qui, en 1290, sous le règne de Philippe le Bel, demeurant en la rue des Jardins, depuis des Billettes, se fit remettre une hostie consacrée par une femme qui lui avait donnée ses effets en gage.

« Quand le juif l'eut par devers soy, si mit lad. hostie en pleine
« chaudière en yaue chaude, le jour vendredi aouré (vendredi
« saint), et quand ladite hostie fut en l'yaue bouillante, il la com-
« mença à poindre de son coustel et lors devint l'yaue aussy comme
« toute vermeille. »

Au milieu du vitrail un grand crucifix dont le pied pose dans une chaudière au dessus d'un feu ardent ; une hostie est aux pieds du Christ ; debout à gauche, le juif armé d'un soufflet anime le feu ; derrière lui deux jeunes enfants, garçon et fille, s'arrêtent, étonnés ;

sa femme *Bécatine* les suit, sortant d'une tente. En pendant du juif une femme agenouillée en adoration ; derrière elle, sur un second plan, Jonathas armé de son couteau cloue contre le manteau de la cheminée l'hostie qu'il poursuit. Dans la partie supérieure du vitrail, Abraham vainqueur des ennemis de Lot offre à Melchisédech des présents, et en retour le grand-prêtre, symbole du Christ, lui présente le pain et le vin ; les prêtres et les lévites entourent entièrement les tables du sacrifice, et le peuple sort en foule d'une ville fortifiée, au devant d'une troupe armée à la romaine. Dans la bordure un cartouche que l'on retrouve souvent. Sur fond une palme verte accostée des deux lettres S et E, chiffre de saint Etienne, patron de la paroisse. Au bas l'inscription suivante en latin, retrouvée dans un volume rare [1].

> Judæi crudele nefas hæc monstrat imago :
> Vindicibus flammis quod sæcula prisca piarunt.

2ᵉ vitrail : l'Arche de Noë, le vaisseau de l'Eglise.

Cette pièce très belle, très complète et presque intacte, représente l'Eglise figurée par un vaisseau, et l'arche son emblème. Dans le bas du tableau, sur un navire à trois mâts, et non ponté, Jésus-Christ debout est nimbé, tenant de la main gauche le gouvernail, tandis que de la droite il bénit à la manière latine avec deux doigts représentant les deux natures (les grecs bénissent avec trois doigts en l'honneur de la Trinité), les divers personnages qui figurent les différents états de la vie. Sur le mât du milieu le Saint-Esprit sous la figure d'une colombe nimbée et aux ailes éployées. Derrière le Christ, mais plus bas, saint Louis debout, le sceptre en main, orné d'une énorme fleur de lis d'or, couvert du manteau d'hermine ; à sa suite le pape, l'empereur, le roi de France, le premier avec la couronne fermée, le second avec la couronne royale, un docteur, un magistrat, une femme qui pourrait bien être Marie Stuart ; dans ce cas le personnage à couronne fermée serait Henri II et son voisin François II ; au second plan un évêque, un capitaine, une femme qui nous semble être Catherine de Médicis (tous ces portraits sont certaine-

[1] *Histoire de l'hostie miraculeuse arrivée au couvent des religieux carmes du Saint-Sacrement des Billettes.* Paris, 1664, in-12, 10 gravures.

ment des figures historiques), des moines, un jésuite, des bourgeois et bourgeoises. Le vaisseau repose sur la croix contre laquelle viennent se briser les flots impuissants excités par les vents d'hérésie, d'infidélité et d'idolâtrie, comme nous l'apprend Recquieu. Ce sujet rappelle forcément un chef-d'œuvre d'orfévrerie contemporain actuellement au musée de Cluny où il est inscrit sous le n° 3133 (Salle des Émaux). Au dessus du sujet principal apparaît l'arche, vaste bâtiment à plusieurs étages, et couvert de bâtiments élevés. Assis sur le pont, Noé près de la barre tient une baguette à la main. Le long des plats bords sont les grands quadrupèdes parmi lesquels on distingue : un âne, un bœuf, un agneau, un cheval, une licorne, un lion, une antilope à la robe rosée et mouchetée de taches rondes bleuâtres. Le dessin est irréprochable, mais les couleurs sont pour plusieurs fantastiques, l'antilope par exemple, et les proportions ne sont pas toujours exactes. Derrière Noé arrive la colombe, tenant dans son bec le rameau d'olivier. A gauche, des hommes assis et debout sur un promontoire écoutent Noé leur prédisant le déluge, le prophète est sur une petite éminence. A droite un morceau rapporté représentant une ville, un lavage maladroit a effacé la peinture. Au bas :

> Les plus hauts monts de grande eau sont couverts.
> L'arche est en l'air qui flotte dessus l'onde.
> Tous les canaux du ciel se sont ouverts,
> Qui font noyer tout corps terrestre au monde.

2ᵉ fenêtre. 3ᵉ vitrail : les Disciples d'Emmaüs.

Au fond du tableau à gauche Jérusalem, sur la droite les trois croix sur le Calvaire. Sur le premier plan Jésus et ses deux disciples armés du bourdon s'éloignent de la ville sainte et approchent d'Emmaüs. Plus à droite on aperçoit l'intérieur d'une maison ; les voyageurs à table reconnaissent le Sauveur à la fraction du pain. Au dessus se trouve représenté la bénédiction des cinq pains et des cinq poissons ; le peuple est assis, le Christ debout est entouré de ses apôtres. Ce vitrail, distrait du charnier pour orner la chapelle de la sainte Vierge, y a repris sa place. Le vieil reprochait à cette pièce des défauts de cuisson, des bouillons qui s'étaient écaillés. Entre deux cartouches aux armes de saint Etienne on lit les strophes suivantes :

> Israël fut fort favory
> Du Seigneur lorsqu'il fut nourry
> Au désert en telle abondance.
> Mais mangeant son corps prétieux
> Nous sommes nourris beaucoup mieux
> Du suc d'une céleste essence.

En regard :

> Il est vray durant ce repas,
> Jésus ne se découvrant pas,
> Nous n'en eûmes point connaissance.
> Mais sitôt qu'il eut de sa main
> Béni, changé, rompu le pain,
> Nous recognûmes sa présence.

Des légendes accompagnaient tous les sujets, malheureusement elles ont été détruites, mutilées, dispersées ; c'est le petit nombre qui subsiste : on ne s'en aperçoit que trop.

4ᵉ vitrail : Moïse et le serpent d'airain.

Il est facile de voir que les pièces de ce vitrail ont été ajustées sans goût et qu'elles ne présentent pas un sujet complet. Une gravure de Léonard Gaultier et un passage de Levieil ne permettent pas d'hésiter sur ce point et font retrouver des morceaux qui appartiennent à des histoires différentes.

L'historien Levieil (p. 69) parle d'un vitrail où « les premiers « ministres de l'Eglise, les empereurs, les rois, tous les peuples de « la terre adorent Jésus-Christ élevé en croix, figuré dans la partie « supérieure par le serpent d'airain qu'il déclare admirable ». C'est cette dernière partie qui forme le haut du tableau ; Moïse armé de sa baguette est devant le serpent d'airain ; mais la partie principale du sujet est perdue, on l'a remplacée par une pièce d'ensemble qui est ici déplacée. Le commentaire de Requieu nous apprend sur ce qu'on voit à droite et qui est assez obscur que « ce sont les diables « qui tuent tous les premiers NIAS (sic) des bonnes propositions, in- « tentions et volontés qui naissent ès âmes chrétiennes desquelles ils « feint, puis après des parricides, des infidèles, des apostats, des « idolâtres et des avaricieux qui quittent tout amour de Dieu pour

2

« celui des richesses. » La gravure représente deux actions, la Pâque des juifs et la plaie des premiers nés d'Egypte en parallèle avec les fruits de la bonne et mauvaise communion. Cette partie du panneau que nous examinons a été rendue par le graveur et traduite par le peintre avec non moins de naïveté, mais le sens en devient parfaitement clair pour nous qui avions cru y voir la personnification des sept péchés capitaux. L'action est multiple : Le haut représente l'intérieur d'un usurier qui compte son or assis à une table, un diable cornu avec des ailes de chauve-souris et des pieds de bouc tourne le dos à la fenêtre et fait l'office de tentateur en apportant un sac à compter au juif reconnaissable à son bonnet ou turban, tandis qu'un diablotin à genoux tire le tapis pour faire tomber quelques pièces d'or. Au dessous se trouve un homme en adoration devant une statue ornée de pied en cap et placée sur un piédestal. Plus bas un jeune homme les bras passés autour du cou d'une femme juive reconnaissable à ses vêtements longs et à son turban, lui murmure des paroles à l'oreille, ces deux personnages tournent le dos au spectateur. Sur le premier plan enfin, un diable saisit par l'épaule un homme, dont la tête couverte d'un casque manque en partie, et qui s'apprête à poignarder un autre personnage désarmé et renversé. Ce dernier diable est un peu plus grand que les autres personnages, mais remarquable surtout par sa peau rose avec des taches comme l'antilope dont il a été question dans le troisième tableau ; il est armé d'une fourche. Ce vitrail, très endommagé dans la partie supérieure gauche, a été remanié et abîmé.

3e *fenêtre*. 3e vitrail : la Communion.

Ce vitrail a, comme le précédent, été fort mal recomposé, il renferme un sujet sans allégorie correspondante pour la loi ancienne. Le Christ nimbé est debout, il tient de la main droite un calice, et une hostie de la main gauche ; autour on lit ces paroles: *Hoc est corpus meum ;* derrière lui on voit Jérusalem ; il est accompagné de saint Marc et de saint Jean caractérisés par le lion et l'aigle qui sont à leurs pieds. Au dessous ces mots . *Hoc facite in meam commemorationem*. Au dessous un prêtre en étole violette donne la communion à une table préparée comme pour la cène, tous les personnages portent le costume du xvie siècle. Derrière le célébrant, une croix, entre les bras de laquelle on lit de chaque côté les signes I. H. S. et M. A. Un double velum glissant sur des tringles enveloppe les spectateurs. Au fond on aperçoit d'un côté un temple, de l'autre une tour. Ici devait se trouver les suites de la mauvaise communion (Voir le vitrail quatrième). Ayant déjà disposé de ce morceau sans connaître sa place, on fut amené à la remplir par raccords sans suite avec le sujet principal. On avait l'Église et la Synagogue qui appartiennent à un tableau différent : on l'intercala ici, sans chercher à voir s'il s'harmonisait avec le reste. D'après le même procédé on remplit le vitrail avec des morceaux au hasard ; on distingue seulement trois personnages qui portent des vases dont s'échappent des parfums, emblèmes des vertus qui sont la suite d'une bonne communion ; c'est un fragment d'une autre composition, qui fait pendant avec celle de la mauvaise que l'on a vue plus haut. Le bas est rempli par une Annonciation également déplacée ici, un assemblage informe de morceaux de verre.

6ᵉ vitrail : le Lavement des pieds.

Ce vitrail est complet, il est terminé à droite par la vue cavalière, la toiture étant supposée enlevée, du temple juif et de l'église chrétienne dont on voit la disposition intérieure et le parallélisme, ce qui correspond parfaitement avec la figure empruntée à l'Ancien Testament et la réalité au Nouveau. Jésus-Christ nimbé est à genoux et veut laver les pieds de saint Pierre, qui refuse de mettre ses pieds dans le bassin. A sa suite sont assis les apôtres, excepté saint Jean debout derrière son maître, tenant d'une main le vase d'eau et de l'autre le manuterge ; une couronne de lumière éclaire la salle. Au-dessus les prêtres juifs revêtus de leurs vêtements sacerdotaux se purifient les mains dans la mer d'airain avant de commencer les sacrifices. Derrière eux le chandelier à sept branches et l'arche d'alliance.

4ᵉ *fenêtre*. 6ᵉ vitrail. Elie et les faux prophètes.

Auprès d'un autel entouré d'eau, des Israélites fidèles sont en prières ; Elie à genoux, suivi de deux de ses disciples vêtus de tuniques violettes et de manteaux rouges, invoque le Seigneur, pendant que le feu descendu du ciel vient consumer la victime. Sur le second plan les faux prophètes se déchirent avec leurs couteaux en invoquant leur dieu : *Baal audi nos*. Cette pièce mérite bien les éloges de Leveiel, qui l'attribue à Desangives ou à Nicolas Pinaigrier qui dans le même temps travaillaient aux vitraux du charnier de Saint-Paul.

8ᵉ vitrail : l'Eucharistie, symboles et figures.

Une hostie rayonnante dans un ostensoir richement décoré, dont le pied a la forme d'un reliquaire, est entourée d'anges adorateurs.
Au-dessous la légende : *Venerabile sacramentum*. Les emblèmes eucharistiques sont suffisamment caractérisés par les devises qui les accompagnent :
Mensa paschalis. — Manna patriæ. — Panis azymus. — Agnus paschalis. — Corpus Christi. — Sanguis Christi. — Arca nova. — Uva terræ promissionis. — Botrus cypri. — Fons aquæ vitæ. — Viaticum morientium.
Plus bas une pannetière, un bourdon, une gourde.
Capræ holocausti. — Aries. — Bos mutatorius. — Hircus immolatus. — Vitulus saginatus. — Altare Dei. — Thus altaris. — Columba oblata. — Passer immolatus. — Turtur præsentationis. — Arca testamenti Dei. — Panis subcinericius. — Urna mannæ. — Panis propositionis. — Nectar angelicum.

5ᵉ *fenêtre*. 9ᵉ vitrail : la Manne au désert.

Encore un sujet qui a souffert de restaurations maladroites ; que dirait l'artiste s'il voyait son œuvre ainsi mutilée? Moïse et Aaron regardent la manne qui tombe et les Hébreux qui la recueillent. Sous un pavillon une femme enfouit sa cueillette, à droite l'arche d'alliance, au-dessus les perdrix qui tombent dans le camp. Plus bas le Christ nimbé debout dans un temple apparaît à un évêque ganté et mitré assis sous un pavillon remplaçant une table garnie d'un ostensoir ; à droite des fidèles. Dans les vitraux des fenêtres de l'église on distingue un évêque, saint Etienne, sainte Geneviève, saint Jacques, la fuite en Egypte, l'Assomption, la Résurrection.
En pendant au sujet énigmatique d'ailleurs assez maltraité, peut-

être Moïse devant le buisson ardent et dans le fond Moïse et Aaron ou Jéthro, un fragment du passage de la mer Rouge ? En bordure, un écusson à trois chevrons d'or, surmonté d'un lambrequin et entouré d'une cordelière. 1617. Dans la grisaille : ce panneau a été peint par Jean Levieil peintre sur verre du Roy à Paris en l'an 1759.

10ᵉ vitrail : le Pressoir mystique.

Ce qui suit appartient évidemment à une autre verrière; en fidèle historien, nous devons mentionner les objets à l'endroit où ils se rencontrent. Le Père éternel, sous la figure d'un vieillard ceint de la tiare et tenant le globe du monde, bénit, assisté du Saint-Esprit ; le reste du tableau que nous connaissons manque et ce qui précède est transposé, ce qui fait un non sens. Les vers suivants accompagnent la vigne mystique en regard d'un temple dans lequel entrent des chrétiens qui s'approchent de la sainte table après s'être purifiés par la confession :

Les anciens Patriarches eslus
Qui le futur ont sçu
Pour leur salut
A cultiver la vigne.

Tous les cantons de ce large univers
En ont goûté par les Evangélistes.
Edifiés en ont été les pervers
Laissant d'Adam les anciennes pistes.

Ici commence seulement un tableau aussi bien conçu qu'heureusement exécuté. Le Christ conduit un char traîné par les quatre animaux symboliques des évangélistes ou le tétramorphe. Les apôtres foulent la vendange, et l'on voit sur une table d'autel Jésus-Christ dépouillé ; son sang coule à grands flots et tombe dans le pressoir. Le pape, un cardinal, un évêque mettent des grappes dans un tonneau. Parallèlement à cette scène, le Christ apparaît vainqueur. Le pape, un cardinal, le roi de France au manteau fleurdelisé, rentrent la récolte dans les celliers mystiques. Suivent des vers ainsi disposés :

Heureux, homme chrétien,
Que Dieu pour te sauver
Et que les sacrements
De son sang précieux
Qu'en les bien recevant
Et qu'on ne peut sans eux.

Si fermement tu crois
A souffert à la croix
Retenus à l'Eglise,
En ont eu commencement
Toute offense est remise
Avoir son sauvement.

Tous vrais chrétiens le doivent recevoir	Ce pressoir fut la vénérable croix
Avec respect des prebtres de l'Eglise,	Où le sang fut le nectar de la vie.
Mais il convient premièrement avoir	Quel sang, celuy par qui le Roi des rois
L'âme contritte et la coulpe remise.	Rachète l'homme et sa race assouvie.
Dans des vaisseaux en réserve il est mis	Papes, prélats, princes, rois, empereurs,
Par les docteurs de l'Eglise, pour estre	L'ont au collier mis avec révérence.
Le lavement de nos péchés commis	Ce vin de vie efface les erreurs
Même ceux qu'on a venant à naistre.	Et donne à l'âme une sainte espérance.

In te, Domine, sperari, non confundar in æternum. Ps. 30.
Non nobis, Domine, sed nomini tuo da gloriam. Ps. 113.

A droite et à gauche de ces versets, dans un cartouche, les armes de saint Etienne.

6ᵉ *fenêtre*. 11ᵉ vitrail : la Cène et la Pâque.

Jésus célèbre la cène avec ses apôtres dans le cénacle : on remarque saint Pierre, saint Jean et Judas. Ces deux sujets doivent-ils être réunis ensemble? comme parallélisme sans doute ; si l'on consulte la pensée de l'artiste, non ; nous en dirons plus loin la raison.

Au-dessus de la réalité, la figure : des Juifs debout autour d'une table, le bourdon à la main, mangent l'agneau pascal qui figurait la nouvelle loi. M. Faudet, dans sa notice sur Saint-Etienne du Mont, nous apprend qu'autrefois le miracle des Billettes se trouvait dans ce panneau à la place de la Cène; s'il eût connu l'œuvre de Léonard Gaultier, il eût été d'avis que ni l'un ni l'autre n'étaient à leur place. En effet, on a remplacé le sacrilège du juif Jonathas par un sujet incomplet : des anges adorateurs entourent une hostie rayonnante posée au-dessus d'un calice qui repose sur un autel ayant la forme d'un reliquaire ou confession (*martyrium*), des statues des apôtres et des saints et plusieurs petits reliquaires ornent le devant et les côtés de ce monument, le reste est mutilé. Nous croyons que la statue du Christ que nous avons trouvée au neuvième vitrail doit se trouver à gauche du grand reliquaire et celle de la Vierge à droite.

12ᵉ vitrail : Apparition de trois anges à Abraham.

Sur le premier plan à gauche un homme fait cuire du pain dans un four; non loin de là un autre (peut-être le même, Abraham remplissant successivement ces deux fonctions pour honorer ses hôtes) dépèce une victime. Un arbre sépare cette scène de la suivante. Abraham, ce qu'explique suffisamment le texte placé au haut des vitraux, *tres vidit, unum adoravit*, est en adoration devant les trois anges. Sur un arrière-plan les trois anges, qui ont quitté le patriarche, s'avancent sur le chemin de Sodome. Plus loin on les voit sortir, suivis de Loth et de sa famille, de la ville maudite qui est livrée aux flammes.

7ᵉ *fenêtre*. 13ᵉ vitrail : Légende de saint Denis.

Nous avions soupçonné le sujet de cette verrière avant d'avoir connu le texte de Levieil; aujourd'hui on ne peut guère méconnaître que c'est tout ce qui reste d'une pièce dans laquelle il voyait des défauts et qui est maintenant bien incomplète. Sur un premier plan on voit deux ou trois prisonniers, conduits par des hallebardiers, les mains liées derrière le dos et entrant par une poterne dans une maîtresse tour qui rappelle le donjon de Coucy. Dans le lointain, une ville forte (Montmartre ou Saint-Denys?) au-dessus d'un lac; dans un coin on lit en majuscules romaines les lettres J. M. (Jean Monnier). Cette marque d'un peintre-verrier célèbre avait échappé à Levieil si elle existait de son temps sur ce panneau, c'est lui qui nous apprend (voir vitraux de Saint-Paul) que c'était la marque de ce maître, mais depuis lui on a tant changé, qu'il n'y aurait rien d'étonnant qu'on l'eût tiré d'ailleurs, on en pourrait néanmoins conclure qu'il a travaillé pour Saint-Etienne.

14ᵉ vitrail : Légende de sainte Geneviève.

La légende de sainte Geneviève armée d'un cierge qu'un diablotin souffle et qu'un ange rallume occupe le fond du tableau. Sur un arrière-plan elle est souffletée par sa mère. Avec l'eau du puits de Nanterre, que l'on voit auprès de la maison de la sainte, elle guérit sa mère frappée de cécité après cet acte de violence immérité. Plus loin on voit sainte Geneviève sur les murs de Paris, protégeant la ville contre les Huns.

Plus bas un sujet dépareillé signé à l'angle des majuscules I. M. on distingue seulement un château fort.

8ᵉ *fenêtre*. 15ᵉ vitrail : Légende de saint Augustin.

Saint Augustin en évêque, crossé, mitré, tenant un cœur dans sa main; à ses pieds un enfant creuse dans le sable un trou avec un coquillage et s'efforce de le remplir avec l'eau de la mer. Le sain veut lui démontrer sa folie. Et vous, lui dit l'ange, vous avez bien la prétention de faire entrer dans votre tête bornée un Dieu nfini.

16ᵉ vitrail : Légende de saint Etienne.

Saint Etienne, nimbé, en dalmatique, tient une palme à la main. Au haut de la vitre un calice surmonté d'une hostie entourée du mot: CHARITAS.

9ᵉ *fenêtre*. 17ᵉ et 18ᵉ vitraux.

On lit sur le premier vitrail le mot CHARITAS en trois lignes et à l'envers le calice et l'hostie comme au seizième vitrail, surmonté de plus d'une couronne d'épines. Le dernier vitrail forme porte avec communication dans l'église.

IV. PIÈCES JUSTIFICATIVES.

I

Description des vitraux par Levieil.

Les mêmes peintres-verriers du XVIᵉ siècles sont probablement auteurs des belles vitres des charniers de Saint-Etienne du Mont à Paris peintes dans le même temps.

Ce serait actuellement le lieu de faire connaître, s'il était possible, le nom des habiles peintres sur verre qui nous ont laissé sur les vitres peintes du charnier de l'église paroissiale de Saint-Etienne du Mont à Paris les preuves les plus distinguées de leur excellence dans leur art, par la délicatesse du travail le plus fin, par la beauté du coloris le plus éclatant, par le concert de fusion le plus soutenu des émaux dont ces vitres sont rehaussées, vitres qui, comparées à ces grands vitraux sortis de la main des meilleurs peintres sur verre du xvi° siècle, sont dans leur proportion ce qu'est un tableau de chevalet d'un bon maître par rapport à un tableau de grande exécution, et la miniature la plus délicate relativement à un bon tableau de chevalet.

Le silence que Sauval, qui s'est si soigneusement appliqué à nous conserver les noms des peintres sur verre du charnier de Saint-Paul, a gardé sur ceux du charnier de Saint-Etienne, m'avait paru réparable, si je pouvais obtenir de MM. les marguilliers de cette paroisse, dont l'entretien m'a été confié depuis le décès de mes père et mère, la permission de consulter leurs registres de délibérations, ainsi que les comptes des anciens marguilliers de cette fabrique, depuis le commencement du xvii° siècle et même vers la fin du xvi°; ma demande fut accordée avec autant d'urbanité que de joie de répondre à l'empressement que je témoignais à la compagnie de transmettre à la postérité la mémoire d'un dépôt si précieux en ce genre. J'en feuilletai les registres depuis 1580 ; j'y reconnus qu'en 1604 la construction de ce charnier avait été projetée sur le terrain accordé à cet effet par les abbé et chanoines de Sainte-Geneviève du Mont, et j'appris qu'en 1622 les vitraux dudit charnier avaient été achevés. Mais mes espérances sur la découverte des noms des habiles maîtres qui en peignirent les vitres furent trompées et mes recherches infructueuses.

Tout ce que j'ai pu recueillir, c'est 1° que la fabrique ne s'étant point chargée de la dépense de ces vitres, MM. les marguilliers n'ont pu ni dû les porter dans leurs comptes, et que par conséquent les noms des peintres-vitriers qui les ont faites n'ont pu ni dû y être employés ; 2° que ces vitres peintes depuis l'année 1612, dont on reconnaît la date sur les premiers vitraux, ont été l'effet des libéralités des plus notables paroissiens, qui en confièrent l'exécution à ceux des meilleurs peintres sur verre de ce temps qu'ils payèrent de leurs deniers, et dont par conséquent les quittances souscrites de leurs noms restèrent entre les mains de ceux qui les avaient employés; 3° que le vitrail dans lequel est représenté le banquet du père de famille, n'a coûté, y compris sa ferrure et le châssis de fil d'archal au devant, que 92 liv. 10 s. Enfin, que l'empressement des paroissiens à fermer ce charnier de vitres peintes était si grand, que la fabrique crut faire une chose plus utile de prier ceux qui paraissaient dans la disposition de donner un vitrail de contribuer pour une somme de 100 livres chacun aux frais de la construction du portail et de la fonte des cloches.

Ce charnier, qui forme autour du petit cimetière de cette église un cloître à trois galeries, est éclairé par vingt-deux vitraux ; il y en avait autrefois vingt-quatre, y compris l'imposte de la porte du petit cimetière. Mais les changements occasionnés par l'agrandissement de la sacristie du chœur ont forcé d'en ôter deux qui ont été incorporés dans les vitraux de la chapelle de la Vierge, d'environ 6 pieds de haut sur 4 de large à 2 p. 1/2 de hauteur d'appui. Ils n'ont pas pour objet une histoire suivie, comme ceux du charnier de Saint-Paul, mais celle que le goût et la dévotion de chaque donateur lui ont inspirée.

Les registres de la fabrique nous font connaître le nom de quelques-uns des donateurs, tels que Mme la présidente de Viole, dame d'Andresel; M⁰ François Chauvelin, avocat; M⁰ Germain, procureur au parlement, MM. Bouchet, marchand boucher, et Le Juge, marchand de vin, qui ont été alternativement chargés de l'œuvre et fabrique de cette paroisse pendant les premières années du XVIIᵉ siècle; M. Renauld, bourgeois de Paris, qui a fait faire le vitrail représentant le jugement dernier, devant lequel il a désiré d'être inhumé; et enfin une dame *Soufflet Verd*, qui a donné de plus une somme de 150 livres pour faire garnir de vitres peintes la rose du grand portail, avec promesse de payer le surplus, si surplus il y avait.

Entre les vingt-deux vitraux de ce charnier, celui de la porte du cimetière est d'un temps antérieur à sa construction. Le vitrail qui sert de porte au petit cimetière représente le jugement dernier. Parmi les vitraux suivants on ne peut se lasser d'admirer celui qui représente la cruelle audace de Nabuchodonosor, qui, voulant faire adorer par les Israélites la statue d'or qu'il s'était fait élever, irrité de la courageuse résistance des compagnons de Daniel qu'il avait fait conduire captifs à Babylone, les fit jeter vivants dans une fournaise ardente, d'où l'Ecriture sainte nous apprend qu'ils sortirent sains et saufs.

Les deux vitraux suivants, dont l'un représente le défi du prophète Elie aux faux prophètes de Baal, l'autre les premiers ministres de l'Eglise, les empereurs, les rois, tous les peuples de la terre admirant Jésus-Christ élevé en croix, figuré dans la partie supérieure par le serpent d'airain, sont, comme le précédent, d'une beauté admirable. Ils paraissent tous trois dignes de Desangives et de Nicolas Pinaigrier, qui travaillaient dans le même temps au charnier de Saint-Paul.

On pourrait encore attribuer aux peintres qui ont travaillé avec moins de succès aux vitraux de ce charnier ceux de celui de Saint-Etienne, dans lesquels on remarque, comme à Saint-Paul, des émaux bouillonnants qui se sont écaillés par la suite ; par exemple, le vitrail qui représente l'histoire de saint Denys, et celui où sont représentés la multiplication des pains et des poissons, et la fraction du pain en présence des disciples d'Emmaüs. Ce dernier ne se voit pas sous le charnier, mais dans la chapelle de la sainte Vierge où il a été transporté.

Rien ne vient si bien à l'appui de la conjecture qui me fait admettre Nicolas Pinaigrier au rang des peintres sur verre qui ont travaillé aux vitres du charnier de Saint-Etienne, que les sujets représentés dans un autre vitrail qui a été aussi transporté dans la même chapelle. J'ai observé ci-devant (p. 42 Saint-Hilaire), en donnant la description de l'allégorie du pressoir peinte par Pinaigrier en 1520 pour l'église Saint-Hilaire de Chartres, que ce sujet avait été copié par la suite pour plusieurs églises de Paris. Or, le vitrail de saint Etienne où il est représenté doit avoir été peint par les descendants de ce célèbre artiste, qui, propriétaires des cartons originaux de cette allégorie, en auront fait l'objet de leur complaisance et de leur application, toutes les fois qu'ils auront eu l'occasion de répéter sur le verre ce morceau chéri de leur auteur.

Et comme Sauval nous apprend que les marchands de vin avaient adopté par choix ce sujet pour en orner leurs chapelles de confrérie ou de dévotion, j'en augure que le vitrail de saint Etienne où l'on a peint cette allégorie, aura été donné pour l'ornement du charnier de cette église par Jean Le Juge, marchand de vin, un des plus grands amateurs de peinture sur verre de son temps. Je crois être fondé à le croire par une délibération de la fabrique de cette paroisse en 1610. On y lit que ce marguillier avait persisté avec fermeté dans la résolution qu'il avait prise de faire peindre à ses frais la grande vitre qui est dans la nef au-dessus de la chapelle

Sainte-Anne, malgré l'avis de sa compagnie qui avait arrêté en son absence qu'il serait prié de « convertir en valeur, pour être employés à la construction du *charnier*, les deniers destinés à cette verrière historiée, qui ôterait beaucoup de jour à cette partie de l'église, déjà obscurcie par le voisinage de la tour du clocher ».

On doit mettre au rang des plus beaux vitraux de ce charnier celui du jugement dernier, également distingué par le fini des figures et l'éclat du coloris. Mais la délicatesse du travail, la beauté des émaux, leur industrieux emploi et leur réussite à la recuisson, brillent surtout dans celui qui représente la fin du monde. La variété des objets qu'il renferme, tels que l'obscurité que laissent les astres qui tombent du firmament, la confection des éléments, la frayeur de tout ce qui a vie dans l'air, sur la terre et au sein des eaux, qui touche au moment de sa destruction, hommes de tout sexe et de tous états, animaux, poissons, oiseaux, bâtiments, monuments de toute espèce, fruits de la nature et de l'art prêts à rentrer dans le néant; cette surprenante variété, dis-je, y est caractérisée avec une expression qui saisit le spectateur d'effroi à la vue de ces sujets de terreur et d'admiration pour le travail de l'artiste qui a si bien peint et si heureusement colorié sur le verre tant et de si différents objets du plus menu détail.

Tel est encore, malgré son défaut essentiel de correction dans le dessin et de pratique dans le costume, le vitrail dans lequel le peintre s'est occupé à rendre la parabole du banquet du père de famille rapporté par saint Luc. Tous les détails en sont surprenants et de la plus grande délicatesse. La salle du festin entre autres y paraît éclairée par des vitraux, dont les plus grands portent 9 pouces de haut sur 1 1/2 de large.

On y distingue sans confusion des frises ornées de fleurs au pourtour d'un fond de vitres blanches, dont la façon paraît le plus exactement conduite, et sert elle-même de cadre à des panneaux de verre historiés et coloriés dans la précision de la miniature la plus délicate. Au bas d'un de ces vitraux distribué en quatre panneaux de hauteur, dans lesquels l'art du peintre, presque incompréhensible, représente la Nativité, la Résurrection et l'Ascension de Jésus-Christ, on reconnaît dans le dernier panneau les armoiries du président de Viole, seigneur d'Andresel, dont la veuve fit présent de ces vitraux en 1618. Les fleurs dont le pavé de cette salle paraît jonché, sont du coloris le plus naturel et le plus vif.

Je ne puis omettre, en faisant mention de ce vitrail, une anecdote qui n'est pas indifférente à l'éloge du peintre qui l'a fait.

Tous les vitraux de ce charnier furent réparés et mis en plomb neuf en 1734, par les ordres du marguillier lors en exercice, un homme d'un grand sens et d'une vivacité encore plus grande. Il n'omettait rien pour rendre à ce lieu respectable, où le plus grand nombre des fidèles de cette grande paroisse reçoit la communion au temps pascal, toute la décence qui lui convient. Il veillait à toute heure sur les ouvriers et sur les travaux. Sa délicatesse et sa sagacité ne laissaient rien échapper à ses remarques. Les vitres surtout et l'application que demandait de la part de ceux qui y étaient employés le rétablissement de plusieurs parties d'entre elles, par le rapport des pièces les mieux assorties qu'il fallait fournir à la place de celles qui étaient cassées, lui parut mériter toute son attention.

Nous l'avions, mes frères et moi, continuellement sur les bras. On venait de remettre en place les panneaux du vitrail du Banquet : il arrive, il observe et crie aussitôt à la négligence. Je m'y attendais presque ; car ce qui pouvait occasionner son mécontentement ne m'avait pas échappé ; ne sont-ce pas là des vitres bien nettes ? Que fait là cette mouche ? Elle y fait beaucoup, monsieur, en faveur du peintre, puisque la simple imitation de cette mouche a paru pouvoir vous autoriser à me taxer de négligence. Il n'en veut rien croire ; il s'emporte, il mouille, il essuie, il gratte ; mais la mouche reste et restera sans doute longtemps, pour en tromper d'autres qui s'appliqueraient à y regarder d'aussi près.

Je ne m'attacherai point ici à donner la description de tous les autres vitraux de ce charnier. Les sujets qui y sont représentés en plus grande partie sont des figures de l'Ancien Testament accomplies dans le Nouveau. Ils sont indiqués au bas par des inscriptions peintes sur verre, dans un cartouche, tant en prose latine et française qu'en vers français du style des poètes du temps.

Quoique tous ces vitraux ne soient pas de la même beauté, le plus grand nombre mérite l'admiration des connaisseurs, et pourra servir un jour de modèle aux peintres sur verre, si cet art reprend vigueur, surtout dans les parties d'un travail aussi menu et aussi délicat que le demanderaient, ainsi que je l'insinuerai ailleurs, des sujets tirés de l'histoire sainte et profane, ou de la fable, peints sur des carreaux de verre, pour orner des chapelles domestiques ou voiler dans les appartements des grands ces lieux qui ne demandent que le secret.

Enfin, au défaut d'une connaissance certaine des peintres sur verre qui ont peint ces admirables vitres, si nous considérons leur date, ce qu'elles ont d'excellent, ce qu'il y a de médiocre, la ressemblance dans la distribution et les ornements des cartouches qui renferment leurs inscriptions, tout semble devoir nous porter à les attribuer en grande partie à ces maîtres habiles qui ont peint celles du charnier de Saint-Paul. On peut les regarder les unes et les autres toute proportion gardée, vu l'oubli presque général de la peinture sur verre, comme ces feux qui en expirant jettent une plus brillante clarté et ne font jamais mieux apercevoir leur éclat que lorsqu'ils sont près de s'éteindre. Ce qui est bien digne de nos regrets, c'est que ces belles vitres aient été et soient encore exposées au plus grand danger dans un lieu destiné à faire les catéchismes des enfants et dans lequel elles servent de clôture à un petit cimetière où l'étourderie d'un fossoyeur, souvent ivre, malgré les châssis de fil d'archal qui servent à les défendre, fait voler contre ces vitres précieuses des terres et des cailloutages qui en ont endommagé plusieurs, inconvénient qui, pour être le même sous le charnier de Saint-Paul, paraît avoir été moins préjudiciable à celles qui le décorent, à cause de la vaste étendue de son cimetière [1].

Un des vitraux réparés par cet artiste portait cette inscription : « Ce panneau a été peint par Jean Levieil, peintre sur verre du roy l'an 1759. » Né à Paris en 1702, Levieil y est mort en 1772.

Voilà la description qu'il fait d'un autre vitrail du charnier :

II

Le Pressoir mystique.

Le vitrail de Saint-Hilaire de Chartres peint par Pinaigrier a été reproduit dans plusieurs églises de Paris. Il est la vive expression d'une allégorie qui rapporte à l'effusion du sang de Jésus-Christ

[1] Levieil, *Traité de la peinture sur verre* (p. 67-79).

l'émanation des grâces que les sacrements confèrent, ouvrage néanmoins dans lequel il est difficile de discerner si les vues du peintre sont plus religieuses que politiques, plus pieuses que ridicules. D'ailleurs cette allégorie, dont le premier sens est admirable, se trouve plus ou moins chargée d'épisodes dans les différentes copies qui en ont été faites en divers lieux (voir Sauval, *Antiq. de Paris*, Supplém. t. I, p. 33). La description que Sauval donne de cette vitre allégorique est très conforme à une de ces copies, merveilleusement peinte sur verre, qui était autrefois sous le charnier de l'église paroissiale de Saint-Etienne du Mont, à Paris, et que, de l'ordre des marguilliers de cette église, j'ai transporté au côté droit de la chapelle de la Sainte-Vierge, qui sert de chapelle de la communion. Voici comment cet auteur s'en explique :

On voit dans cette vitre des papes, des empereurs, des rois, des évêques, des archevêques, des cardinaux, tous en habits de cérémonie, occupés à remplir et à rouler des tonneaux, à les descendre dans la cave, les uns montés sur un poulain (c'est le nom que l'on donne à deux pièces de bois arrondies, assemblées par des traverses, autour desquelles les tonneliers filent leurs câbles pour descendre de grosses pièces dans les caves); les uns tenant le traîneau à droite et à gauche ; en un mot, on leur voit faire tout ce que font les tonneliers. Tous ces personnages, au reste, ne sont pas des portraits de caprice. Ce sont ceux de Paul III (l'auteur fait ici un lourd anachronisme; cette vitre selon lui a été peinte en 1530 et Paul III n'a succédé à Clément VII qu'en 1534) ; de Charles-Quint, empereur; de François I*er*, roi de France ; de Henri VIII, roi d'Angleterre ; du cardinal de Châtillon et autres, presque aussi ressemblants que si on les avait peints d'après eux, le tout sur ces paroles de l'Ecriture : *Torcular calcavi solus; quare rubrum est vestimentum meum*. Les muids qu'ils remuent sont pleins du sang de Jésus-Christ, étendu sous un pressoir, qui ruisselle de ses plaies de tous côtés. Ici les patriarches labourent la vigne, là les prophètes font la vendange. Les apôtres portent le raisin dans la cuve ; saint Pierre la foule. Les évangélistes, dans le lointain, figurés par un aigle, un taureau et un lion, la traînent dans des tonneaux sur un chariot que conduit un ange. Les docteurs de l'Eglise la reçoivent au sortir du corps de Notre-Seigneur et l'entourent. Dans l'éloignement et vers le haut des vitraux, sous une espèce de charnier ou galerie, on distingue des prêtres en surplis et en étole qui administrent aux fidèles les sacrements de pénitence et d'eucharistie. (Levieil, 42-43.)

III

Biard (Pierre Ier) (1559-1609).

Pierre Ier Biard naquit à Paris vers 1559, sculpteur du roy et de plus peintre, graveur et architecte, comme tous les artistes à cette époque. Sauval[1] nous apprend qu'il fit exécuter le jubé de Saint-Etienne du Mont, le Christ et les statues qui le surmontaient. Commencé en 1600, il devait être achevé en 1609, époque de la mort de l'artiste, dit M. Jal, qui lui a consacré un long article dans son *Dictionnaire critique*. On lui doit aussi la statue équestre de Henri IV sur le portail de l'hôtel de ville. Marié en 1592 à Saint-Paul, il habitait sur cette paroisse, où il fut enterré dans le cimetière; sa mère fut enterrée sous le charnier (28 janvier 1604). Depuis son mariage, il habitait rue de la Cerisaie, comme nous l'apprennent les baptistères de ses enfants, et un plan de couverture pour l'allée des charniers de Saint-Etienne du Mont dont il paraît avoir été l'architecte. Son fils Pierre II fut aussi sculpteur de mérite.

IV

Levieil (1702-1772).

Nous avons eu souvent, dans ce chapitre, occasion de citer Levieil. On doit à cet artiste consciencieux le meilleur traité théorique et pratique de la peinture sur verre que nous ayons avant notre siècle; malheureusement il est perdu dans l'*Encyclopédie* de Diderot, où on ne va pas souvent le consulter. Il nous intéresse à un point de vue plus spécial et parisien : il s'est occupé des monuments et des artistes parisiens; ses notices nous ont été très utiles pour reconstituer les vitraux de Saint-Paul et de Saint-Etienne du Mont. Après lui avoir rendu la justice qu'il mérite, nous avons eu le bonheur de re-

[1] *Antiquités de Paris*, t. I, p. 407.

trouver un souvenir de ses travaux, et nous le signalons à son futur historien ; c'est cette inscription de sa main au bas d'une fenêtre des charniers de Saint-Etienne: *ce panneau a été peint par Jean Le Vieil, peintre sur verre du roy l'an* 1759. Parisien nous-même, nous sommes heureux d'apporter notre pierre au monument que la ville de Paris doit à un de ses enfants modestes mais méritants et où son nom au moins devrait être conservé et donné à une rue. Né à Paris le 8 février 1702, Levieil y mourut le 23 février 1772. On sait peu de choses sur sa vie, consacrée presque exclusivement à la théorie et à la pratique de son art. Paroissien de Saint-Etienne, il fut chargé dès 1734 de la conservation des vitraux de cette église ; il s'en occupa toute sa vie. Levieil, que ses biographies nomment Pierre et qui signait Jean, ce qui prouverait tout au plus qu'il avait reçu au baptême ces deux noms, a composé *Saint Romain martyr*, tragédie chrétienne en trois actes et en prose pour les Ursulines de Crépy où deux de ses nièces étaient pensionnaires. Il était célibataire. Nous regrettons que son nom ne figure pas dans l'excellent dictionnaire de M. Jal.

V.

Les Pinaigrier, peintres-verriers.

Robert Pinaigrier peignait en 1527 et 1538 des vitres d'un bon goût de dessin et d'un bel apprêt de couleurs pour l'église de Saint-Hilaire de Chartres. Mes recherches ne m'apprennent rien du jour et du lieu de sa naissance, non plus que de sa mort. Ce qui est certain, c'est qu'il travaillait en concurrence avec Jean Cousin, peintre sur verre français, né à Souci près de Sens vers 1501, mort vers 1590 dans un âge très avancé [1]. Nicolas, son petit-fils, peignait des vitraux à Paris en 1618 et en 1635. Il orna de ses ouvrages les charniers de l'église paroissiale de Saint-Paul ; c'est lui qui exécuta dans les charniers de Saint-Etienne du Mont une copie du pressoir mystérieux de Saint-Hilaire de Chartres. Ce sujet avait été adopté par diverses confréries de marchands de vin. Il ne subsiste plus à notre connaissance aucune peinture de ce maître, à moins qu'on ne lui attribue quelques-uns des vitraux qui se voient encore

[1] Levieil, p. 42.

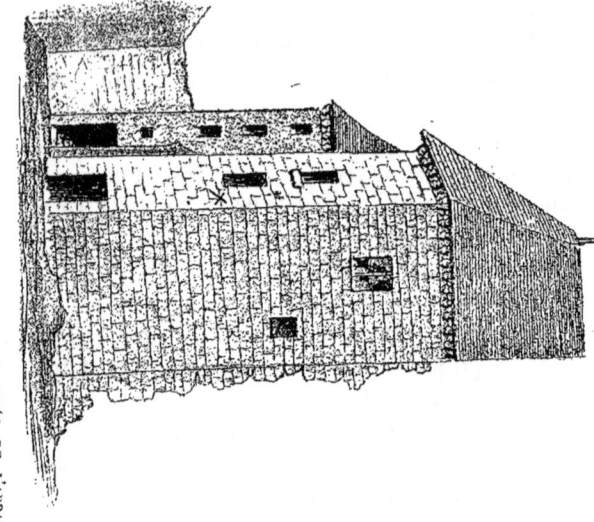
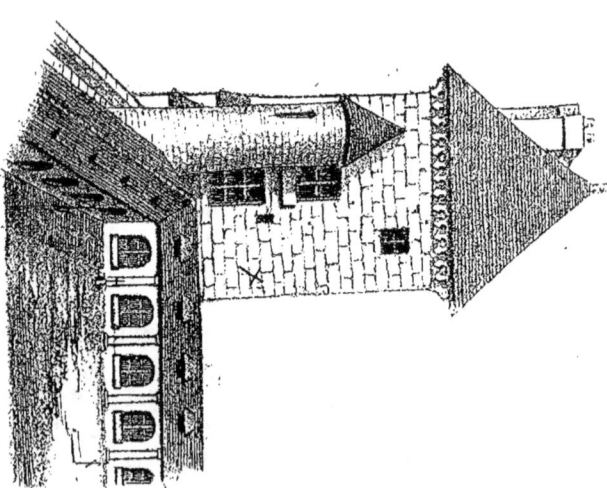

ENCEINTE FORTIFIÉE DE L'ABBAYE DE SAINTE-GENEVIÈVE DU MONT
Tour de la Prison. A. Entrée. B. Charniers.

dans les charniers de Saint-Etienne du Mont. Cette opinion ne serait pas sans vraisemblance, mais on ne peut en donner aucune preuve [1].

VI

Enceinte fortifiée de l'abbaye de Sainte-Geneviève. La tour de la prison.

Comme les autres grandes abbayes parisiennes, Saint-Germain des Prés et Saint-Martin des Champs, Sainte-Geneviève a eu son enceinte fortifiée comme les leurs ; se trouvant dans la campagne, elle s'est entourée de murs et de défenses, sinon dans le principe, au moins après les incursions des Normands qui dévastèrent les bâtiments et n'y laissèrent que des ruines.

Pourquoi aucun des historiens de Paris qui ont décrit les premières ne nous a-t-il rien laissé sur ce sujet? La raison, nous croyons l'avoir trouvée, c'est que Sainte-Geneviève perdit de bonne heure son enceinte, ou plutôt que, confondue avec celle de la ville reconstruite sous Philippe-Auguste, elle devint inutile ; la preuve en est que dans ce quartier on retrouve des portions considérables du mur datant de cette époque rues de la Vieille-Estrapade, Clovis, Soufflot, Saint-Jacques, et qu'on ne connaît qu'un tronçon du mur des moines, rue des Prêtres. Négligeant ou plutôt sacrifiant leur clôture, ils préfèrent faire des concessions et bâtir sur leur terrain, ce qui augmente de beaucoup le revenu du monastère. Il n'en est pas moins vrai que la partie qui avoisinait les charniers, la seule qui subsiste, est un ouvrage original, un détail curieux des mœurs monastiques au moyen âge. La tour d'angle accompagnée d'une tourelle qui renfermait l'escalier fut démolie en 1856 [2].

Cette tour était une construction carrée à quatre étages flanquée d'une tourelle servant de cage à l'escalier, sans aucun ornement extérieur que des crochets sculptés le long de la corniche. D'un style sévère qui par la coupe des pierres et la disposition des assises, accusait le XIII° siècle, elle rappelait un autre monument voisin, de même époque, beaucoup plus connu sous le nom de tour Saint-Jean de Latran et depuis *tour Bichat*. Dans son *Itinéraire archéologique*

---

[1] Eméric Duval. *Biographie Michaud.* 2ᵉ édition.
[2] Voir la planche 2, p. 34.

(1855) le baron de Guilhermy avait signalé son existence et la date de sa construction. Le continuateur de Lebeuf a dit que l'on ne la découvrit qu'en 1856 lors des démolitions de l'ancien presbytère; c'est une distraction. Antérieurement, M. Alb. Lenoir dans sa *Statistique monumentale de Paris*, l'avait dessinée; la perspective laisse à désirer, sa position n'est pas en rapport avec celle qu'elle occupe sur le plan correspondant; c'est une erreur matérielle dont le graveur seul est responsable.

Des maisons qu'on y avait adossées le long de la rue Descartes la masquaient entièrement, et, avec son toit banal en tuiles et ses cheminées rapportées, elle se confondait avec ces constructions d'un autre âge. Des baies ouvertes sur les trois autres faces restées libres et démesurément élargies selon les caprices du destinataire lui auraient fait perdre sa physionomie primitive, n'était le cordon de feuillage à crochet qui en couronnait le faîte.

Une maison marquée par Berty dans sa *Topographie du vieux Paris* portait le nom d'hôtel des Deux-Tourelles, puis du Signe, enfin de Château pers ; sa façade était sur la rue Descartes; il n'en donne pas la date.

Quelle a été jusqu'à la fin du siècle dernier la destination de cette tour, dépendance des bâtiments de Sainte-Geneviève ? Était-ce un arsenal ou un grenier, une tour des archives comme à Saint-Jean de Latran, ou un trésor comme au Temple, une prison ou une guette? Sa position permet très bien d'admettre qu'elle servait à surveiller les environs et même l'enceinte de l'abbaye; quant à sa destination de prison, nous en avons pour preuve un titre de Sainte-Geneviève renfermant la demande des paroissiens de Saint-Étienne où il est parlé du *chemin de la tour ou prison d'icelle abbaye*.

Par sa position encore et sa solide construction, elle était à l'abri du feu et d'un coup de main ; on a pu y renfermer les richesses de l'abbaye et ses titres, y déposer les armes des serviteurs de Sainte-Geneviève et y conserver une réserve des grains, comme le rempart voisin a pu servir de cellier, ainsi que nous l'avons expliqué.

Quoi qu'il en soit, nous avons constaté, lors de la démolition de la tour, l'existence de deux monuments graphiques qui ne manquent pas d'originalité. La vis de l'escalier n'était éclairée dans sa hauteur que par quatre archières; l'entrée en était située au bout d'un corridor en contre-bas resserré entre deux murs très rapprochés (celui du fond du charnier et le derrière d'une maison en façade sur la rue Descartes); en temps ordinaire il n'y pénétrait qu'un jour douteux, suffisant pour se conduire, trop faible pour éclairer; on pouvait sans grand effort d'imagination s'y croire dans un puits. Nous avions remarqué le long du noyau de l'escalier des signes visibles aux deux extrémités les seules éclairées, l'idée nous vint de les relever successivement sur chaque marche, et nous obtînmes trente-deux caractères qui, placés horizontalement, donnaient l'inscription suivante :

HENRY DE HYMERYE FRANÇOIS MOYNE 1627 †

Une profession de foi, un nom de baptême et de famille, la nationalité, une qualification, une date. Nous avons voulu savoir quel était ce personnage; nous n'avons trouvé qu'un bien faible indice, qui pourrait se rapporter à lui. Dans la *Correspondance de Marguerite de Valois* (édition Guessard) nous avons vu qu'une fille d'honneur de la reine Catherine de Médicis, *Dagèle*, Candiote échappée au sac de la ville, avait épousé un Jean d'Hémérits, gentilhomme normand. Henri de Hymerye aurait-il été le fruit malheureux de cette union? Par quelle bizarrerie cet individu, sur l'identité duquel nous ne sommes nullement fixé, a-t-il été affirmer en cet endroit et de cette manière sa double qualité de français et de religieux? Le choix du lieu, le mode d'exécution, ne sont pas moins originaux. Les lettres sont régulières, égales, gravées dans la pierre dure, symétriquement espacées, une par marche, et, relativement à l'inscription dont nous allons parler, dénotent une pratique et des moyens d'exécution comme une éducation supérieurs. Pourquoi ce reclus volontaire, si ce n'est le même, qui avait certainement sur celui dont nous allons parler l'avantage d'être libre et de pouvoir signer, a-t-il consacré un long temps à écrire son nom dans un réduit obscur, et choisi pour tableau une tourelle du xiiie siècle et une pierre très résistante, quand auprès de lui se trouvaient tant de murs qui pouvaient remplir bien plus avantageusement le même but? Question insoluble.

La seconde inscription n'est pas moins énigmatique, mais on connaît la patience des prisonniers et leur goût pour la sculpture. En accédant dans la tour dont l'entrée n'avait jamais été fermée, au moins on n'y voyait aucune trace de scellement; on avait à sa gauche l'escalier, et à sa droite un réduit obscur, ne recevant de jour que par les interstices de la porte; sous les pieds le sol plein, pas une ouverture, partout des murs ; c'était là incontestablement ce qu'on appelait la prison, le cachot. Si l'on doutait qu'elle eût été occupée, on en aurait la preuve dans le rébus rimé que nous y avons trouvé, grossièrement, mais profondément gravé dans la pierre tendre, car ici c'est du moellon et non du cliquart comme dans l'escalier. En voici le fac-simile :

Les caractères de cette naïve inscription ne dénotent pas chez leur auteur une grande habileté, mais plus de patience que de science, et une pointe de prétention, ils sont à moitié gothiques et à moitié ronds; on y trouve des abréviations et deux figures : un cœur et une étoile à six raies; la lettre double SC ne manque pas d'originalité ; quelle date peut-on assigner à cette inscription? probablement le XVe siècle, quoiqu'il puisse être postérieur. Est-ce un rébus, une plainte, une invocation poétique ? Le sens n'en est pas bien clair. Faut-il y voir les aspirations sorties du cerveau rabelaisien d'un moine qui avait rêvé tout haut la réalisation de l'abbaye de Thélème, ou les produits de la muse d'un admirateur des beaux esprits de la pléiade qui hantaient ce quartier. Quoiqu'au fond on ne puisse y voir qu'une idée un peu païenne, au moins dans l'expression, on désirerait savoir quelle était cette étoile qui venait illuminer ce cachot. Ce qui en plaît c'est d'y découvrir et d'y lire, à trois siècles de distance, la pensée d'un homme intelligent, devançant peut-être son époque et affirmant sa croyance dans la persécution, libre quoiqu'en prison. Désabusé de la science, le poète dans *Notre-Dame de Paris* console son philosophe fataliste et le relève en lui montrant que *ceci*

détruira cela. Ici nous trouvons une pensée plus humaine, une plainte peut-être; elle nous plaît davantage, et nous pouvons dire avec le poète antique : *Homo sum, et nihil humanum a me alienum puto.* Cette salle a dû servir de lieu de détention, mais on n'y trouve ni *in pace* ni *oubliette*, pas le moindre anneau, ni le plus petit ferrement; le corps pouvait être enfermé, l'âme y demeurait libre. Possible encore que ce fût quelque esprit méditatif qui, s'isolant de ses frères, eût choisi cet endroit retiré pour y vivre seul, pendant les récréations, avec ses aspirations et ses souvenirs. S'il faut trouver un sens à ces paroles, nous hasardons le suivant : Mon cœur vit, ô mon étoile, dehors (ou étoile qui luit dehors), en grande amertume. Il est difficile d'expliquer ce qu'était cette étoile du reclus. Une muse, une sainte ou une simple mortelle? Nulle date, nulle signature ne vient s'ajouter à ces lignes pour éclairer ce problème intime d'une vie profondément obscure et cachée.

III

SAINT-BENOIT.

I. ORIGINES; FONDATIONS; DESCRIPTION DES CHARNIERS.

L'église de Saint-Benoît, située proche de la Sorbonne, entre les rues Saint-Jacques et des Mathurins, a été détruite entièrement par le percement de la rue des Ecoles. Son origine très ancienne ne saurait être précisée; ce fut vraisemblablement une chapelle élevée au VIe ou VIIe sur le bord de la voie antique de Paris à Orléans et en souvenir d'un oratoire où saint Denis aurait célébré. L'apôtre de Paris y aurait dédié une chapelle souterraine sous le vocable de la Sainte-Trinité et fait une de ses *Stations* [1]. C'était une tradition qui s'était conservée dans l'église de Paris. Dans la chapelle de la Trinité de l'ancienne église on lisait cette inscription : *In hoc sacello sanctus Dionysius cœpit invocare nomen sanctæ Trinitatis;* elle se trouvait répétée sur une vitre de l'église. Raoul de Presles, le naïf chroniqueur du XIVe siècle, prétend dans sa traduction de la *Cité de*

---

[1] Pièces justificatives, n° 1.

Dieu, que saint Denis avait bâti dans ce lieu une église desservie par des moines. Son opinion est insoutenable. Retiré sur la montagne dite plus tard de Sainte-Geneviève, le saint devait prêcher pendant la nuit, se cacher le jour; s'il célébrait, c'était dans les faubourgs, non dans la Cité. Un des lieux où il réunissait les fidèles dans une crypte devint Saint-Benoît. Il ne pouvait pas alors, en temps de persécution, exister une église : à Rome où se cachait dans les catacombes, à Paris dans les carrières; en Normandie, en Picardie, aussi bien qu'en Vendée, dans des cachettes, quelquefois véritables villes souterraines, qui avaient servi de refuge pendant les guerres du moyen âge et du XVIᵉ siècle, comme pendant les orages de la Terreur. Bâtie sur une crypte où s'était parfois retiré saint Denis, simple chapelle d'abord, détruite par les Normands au IXᵉ siècle, rebâtie au XIᵉ, elle fut entièrement réédifiée sous François Iᵉʳ; on ne laissa subsister aucun des monuments qui y pouvaient être. Son nom lui venait, non de saint Benoît, abbé du Mont-Cassin, ni de saint Benoît d'Aniane, mais du mot vulgaire par lequel on désignait au moyen âge Dieu le Père et la Sainte-Trinité : *sainct Diez, sire Diez, saint Benedit* ou *Benedict, saint Benoiat*, ou bien *Benoist sire Diez*, qui sont la traduction de l'expression latine qui se trouve dans l'office de la Trinité : *Benedictus Deus. Benedicta sit sancta Trinitas. Benedictus es Domine*. Il est plus important de remarquer que l'église détruite par les Normands était sous l'invocation de saint Bache, martyr de Syrie, dont le culte est ancien dans les Gaules.

Cette église avait un cloître; on y entrait par trois passages différents, qui étaient fermés avec des portes; il était vaste et d'une architecture gothique; il tournait en partie autour de l'église; dans le côté sud il laissait entre elle et les piliers qui le soutenaient un petit espace qui servait de cimetière; cette partie du cloître était proprement le charnier, tous les murs étaient couverts d'épitaphes, ainsi que celui de l'église qui y faisait face. Au fond du cloître, on voyait une petite corniche soutenant un fronton, sur lequel était un christ; au bas on lisait :

> Crux cynosura tua est specta, devote viator,
> Hæc dux cœlestem monstrat inire viam.

Cette église possédait pour ainsi dire deux charniers : le premier en forme de cloître et au niveau du cimetière; le second sous le pavé de l'église. En effet, sous la nef méridionale attenant au cimetière, on avait creusé de nombreux caveaux, qui prenaient jour par des soupiraux ouverts au niveau du sol et qui servaient de sépulture. Ce second charnier avait été construit par les paroissiens en 1774. Le charnier courait parallèlement à l'église, embrassant le cimetière qui avait la forme d'un carré long, fermé du côté de la façade et à sa hauteur; il revenait par un retour d'équerre au chevet de Saint-Benoît. Une chapelle dite de la Tourelle, placée à l'extrémité occidentale de la seconde nef du midi, prenait jour de ce côté par une étroite fenêtre; une porte ménagée à droite donnait passage de l'église dans la galerie des charniers, auxquels un passage s'ouvrant sur la rue Saint-Jacques servait d'entrée extérieure.

Saint-Benoît n'était pas la plus grande paroisse de Paris, mais ce n'était pas la plus mal habitée. Les bâtiments de l'église comme ses archives ne remontaient pas au delà de François Ier, mais que de noms illustres dans ses annales et dans son charnier et ses cimetières! Il est vrai de dire que le berceau de l'imprimerie en France fut la Sorbonne, et que depuis lors les imprimeurs et les libraires les plus renommés n'ont cessé de rester dans ce quartier dit latin ou des études, et est encore le centre des établissements scientifiques. Donner le nécrologe de Saint-Benoît, c'est donner presque une histoire abrégée de l'imprimerie et de la librairie. Nous aurions voulu donner la liste des personnages inhumés sous les charniers de cette paroisse; faute d'indications précises, nous n'en aurions pu citer aucun, nous renvoyons le lecteur à nos devanciers La Caille, Lebeuf, Brute, Millin, nous contentant de citer les personnages les plus connus.

II. Personnages enterrés sous les charniers d'après les épitaphiers de Paris.

Parmi les personnages célèbres enterrés sous les charniers, il faut mentionner les libraires, imprimeurs et graveurs dont les noms suivent. L'église de Saint-Benoît, où les plus grands imprimeurs de Paris ont été enterrés, renfermait un grand nombre d'inscriptions. Les historiens qui les ont relevées n'en n'ont pas toujours indiqué la place; nous ne mentionnerons que les noms de ceux qui étaient probablement inhumés sous les charniers, ce qui restreindra certainement une liste qui devrait être plus longue.

BADIUS (Josse), 1536.
VASCOSAN (Michel), 1576.
MOREL (Frédéric), 1583.
Les KERVER (Thielman et Jacques).
GERING (Ulrich), qui introduisit l'imprimerie à Paris, 1540.
LACAILLE (Jean de), imprimeur et auteur de l'*Histoire de l'Imprimerie et de la Librairie*, 1723.
JAURAT, 1738.
Les THIERRY, les SONNIUS, les CRAMOISY, les MARIETTE, les AUDRAN y avaient leur sépulture.

Parmi les savants et hommes illustres, on trouve les noms suivants :

DONAT (Jean), professeur de grec, 1588.
GOULLU (Nicolas), son gendre et son successeur, 1601.
GOULLU (Jérôme), son fils, professeur de grec à 18 ans, 1630.
GOULLU (Jean), son second fils, général des Feuillans, 1668.
CHOPIN (René), jurisconsulte, 1606.
PERRAULT (Claude), médecin et architecte, 1678.
PERRAULT (Charles), son frère, de l'Académie française, 1703.
DELAUNAY, gouverneur de la Bastille, 1749.
DOMAT, jurisconsulte, 1696.
BARON (Michel), comédien, surnommé le ROSCIUS français, 1729.

Vers la fin de décembre 1812 on découvrit dans les combles et sur les voûtes de ce monument une grande quantité d'ossements humains, qui furent transportés pendant le mois de janvier 1813 dans les catacombes sous Montrouge[1], où ils furent portées le soir dans une voiture de deuil, précédée des hommes qui portaient chacun une torche allumée[2].

III. PIÈCES JUSTIFICATIVES.

I

Les VII Stations de saint Denis.

On appelait *Stations de saint Denis* l'endroit illustré par le séjour de l'apôtre de Paris dans telle ou telle partie de son territoire et qui aurait été consacré soit par une église qu'il avait fondée, soit par une chapelle qu'on y aurait bâtie en son honneur. Les hagiographes, Baillet entre autres, nous ont laissé le nom des sept stations de saint Denis ; ce sont : 1° Notre-Dame des Champs ; 2° Saint-

[1] Héricart de Thury, *Description des Catacombes de Paris*, p. 212.
[2] *Journal de Paris*, 1er février 1813.

Etienne des Grés; 3° Saint-Benoît; 4° Saint-Denis du Pas ; 5° Saint-Denis de la Chatre; 6° Montmartre ; 7° Saint-Denis en France.

M. Albert Lenoir avait dans sa *Statistique monumentale* commencé à en faire l'historique; un article du *Bulletin du bouquiniste* (mai 1872) est venu combler cette lacune, nous en extrayons ce qui concerne Saint-Benoît.

« Saint Benoît, la troisième station, était voisine de Saint-Etienne
« des Grés, et non des Grecs; elle portait le vocable de Saint-Bache,
« avant d'être consacrée à la Sainte-Trinité. Comme les deux
« précédentes, elle était située dans les vignes ; ce rapprochement
« n'est pas à dédaigner, on en verra plus loin la raison. A défaut de
« M. Albert Lenoir, nous aurons recours à Lebeuf. Ce critique ad-
« met que la petite église dédiée à saint Bache avait été élevée sur
« un *oratoire souterrain* que l'on disait de la Trinité, parce que saint
« Denis avait commencé à l'invoquer en ce lieu, ainsi qu'on le te-
« nait par tradition qui se lisait dans l'église. Avant de suivre saint
« Denis dans la Cité, remarquons qu'il évangélisa plutôt par ses dis-
« ciples que par lui-même le côté nord de la ville ; témoin saint
« Eugène, martyrisé à Diogilum (Deuil), dont le corps retrouvé dans
« le lac de ce bourg a imposé son nom à la localité moderne d'Enghein,
« que l'on reconnaît facilement, malgré le changement d'une lettre.
« Sur les coteaux voisins, on cultivait également la vigne, et on la
« cultive encore avec plus ou moins de succès. En 1703, un savant,
« passant dans ces cantons vignobles la surveille et le jour de saint
« Denis, remarqua que ceux qui entraient dans le pressoir em-
« ployaient un vocabulaire de circonstance et faisaient une génu-
« flexion devant un marmouzet ou Bacchus assis sur un tonneau,
« en souvenir de l'ancien culte de Bacchus qui avait persisté plus tard
« dans ces contrées. Au commencement de ce siècle, l'Orléanais, pays
« vignoble, avait conservé quelques restes de ces superstitieuses pra-
« tiques. Ces usages locaux doivent avoir une signification et fournir
« un enseignement. Sans doute, selon la remarque de l'auteur des
« *Variétés historiques, philosophiques et littéraires*, il ne suffit pas
« qu'un usage soit pratiqué à la campagne et burlesque pour être
« païen; cependant, si la salutation de Bacchus les 7 et 9 octobre
« était véritable, on pourrait révoquer en doute la date de la mort
« des deux saints Denys et Bacque dont l'Église a fixé la fête à ce
« jour, et il ne serait pas tout à fait improbable que l'on eût placé

« leur fête à l'époque des vendanges, pour faire oublier ces *fêtes ba-*
« *chiques*, les dionysiaques des païens. On sait que les Grecs appe-
« laient Bacchus Διονύσιος : Denis en est la forme vulgaire, comme
« Bacque celle de Bacchus. On sait que l'église Saint-Benoît, au-
« paravant de Saint-Bacque ; était dans les vignes, matière à ré-
« flexion pour ceux qui sont curieux des antiquités païennes et
« chrétiennes. On peut supposer que l'établissement des fêtes des
« saints a eu pour but d'effacer peu à peu les usages du paganisme
« en changeant leur objet. »

II

Les Cimetières de Saint-Benoît.

Un certificat du 9 mars 1481 [1] affirme que le clergé de Saint-Benoît faisait procession dans un cimetière « qui est en ladite
« rue Saint-Jacques et faisant le coing de la rue par laquelle on
« va de ladite rue Saint-Jacques à Saint-Jehan de Latran, lequel
« cimetière qui est clos de murs, est front à front de ladite église
« Saint-Benoît et de Sainte-Geneviève, et laquelle place se
« prend jusques auprès de la grant porte de la principale entrée
« dudit collège de Cambray, et jusques-là une tourelle de pierre,
« contre laquelle est eslevé un monument de pierre de taille
« qui regarde sur une borne, laquelle a accoustumé estre sur le
« bouct de la chaussée de ladite rue de Saint-Jehan de Latran, les-
« quelz bornes et marmoret, comme on dit, sont la séparation
« des haulte justice desdits de Saint-Benoist et Sainte-Gene-
« viefve. »

Ce cimetière, qui était l'ancien, se trouvait devant la façade de Saint-Benoît sur la place Cambray, la rue Saint-Jacques entre deux; supprimé pour faire place aux constructions du Collège de France au XVIIe siècle, il était appelé indifféremment le *grand cimetière*, le *cimetière de Cambray*, le *cimetière de l'Acacia*, le *cimetière du corps de garde*. Il fut remplacé par le cimetière attenant à l'église que l'on peut appeler petit ou nouveau pour les distinguer du précé-

---

[1] Archives nation. S. 900.

dent, et qu'il fut supprimé par les décrets des 24 août 1790, 6 et 15 mai 1791. Voici ce que dit de l'un et de l'autre Bruté[1].

« La paroisse de Saint-Benoît avait jusqu'en 1515 deux cime-
« tières, le premier appelé le petit, était le même qu'aujourd'hui ;
« le second, nommé le grand cimetière, le cimetière de l'acacia, le
« cimetière du corps de garde, était situé près du collège de Cam-
« bray, à côté de l'emplacement du collège de Tréguier, et de l'en-
« droit où est aujourd'hui le Collège royal. Le roi François Ier ayant
« dessein de bâtir le Collège royal, ordonna aux paroissiens de Saint-
« Benoît de faire l'acquisition d'une place pour un cimetière :
« cette acquisition fut faite au bout du jardin de l'hôtel de la Cou-
« ture, et le jeudi de la Passion, 9e jour d'avril 1515, fut béni par
« Mgr l'évêque d'Angoulême le nouveau cimetière de Saint-Benoît
« du bout du jardin de la Couture rue Fromentel, au lieu de l'an-
« cien cimetière qui était devant le cadran de l'église dudit Saint-
« Benoît, lequel le roi a voulu avoir pour faire plus grand espace
« devant le Collège royal situé au collège de Cambray, collège de
« Tréguier. »

Bruté cite jusqu'à deux fois la date 1615, mais c'est une erreur matérielle ; on ne connaît aucun nom des personnages inhumés dans ce cimetière, par la raison qu'il donne plus haut, que les registres de Saint-Benoît, comme ceux des plus anciennes paroisses, ne remontent pas au delà de l'année 1500.

---

[1] *Chronologie des curés de Saint-Benoist.*